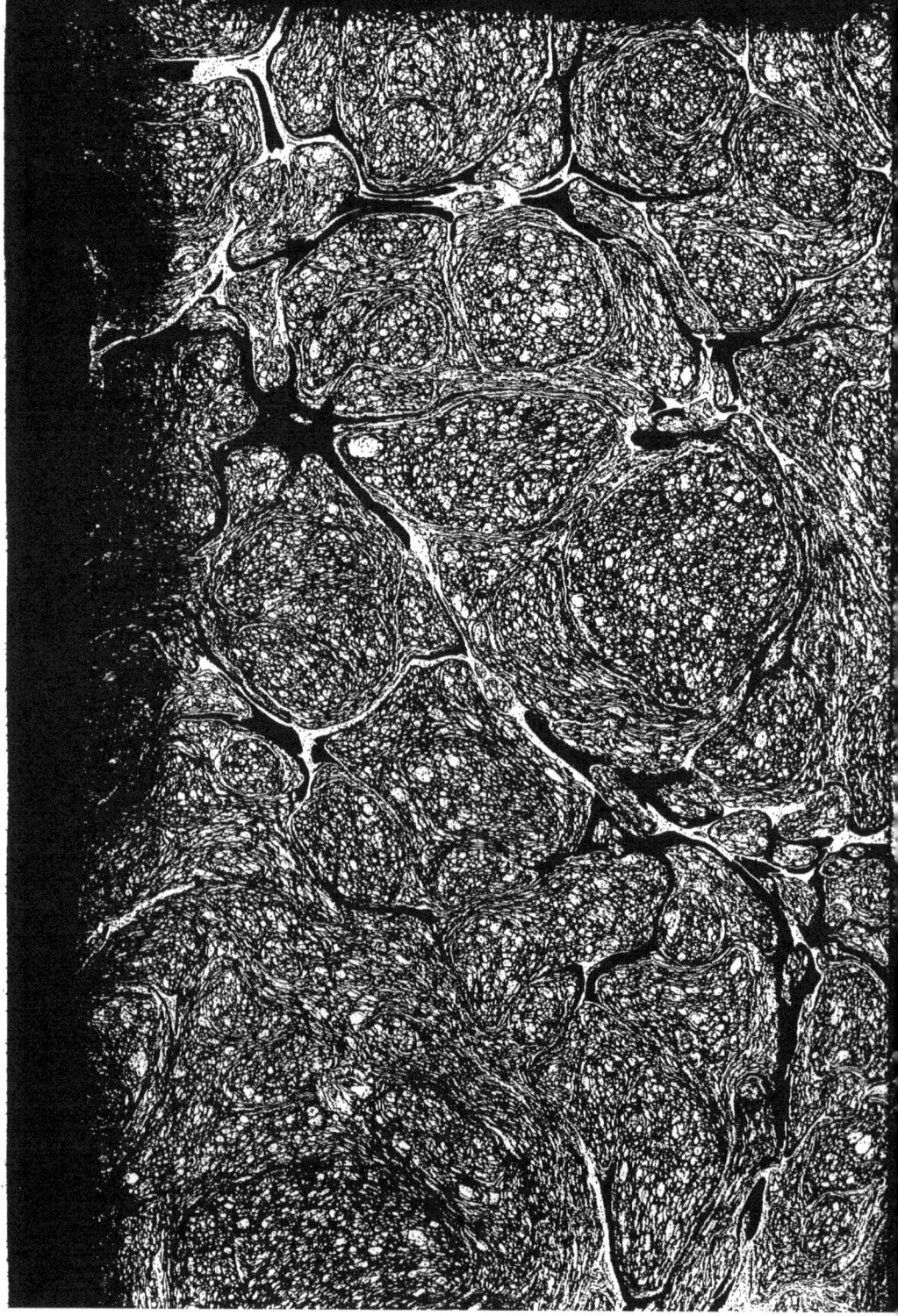

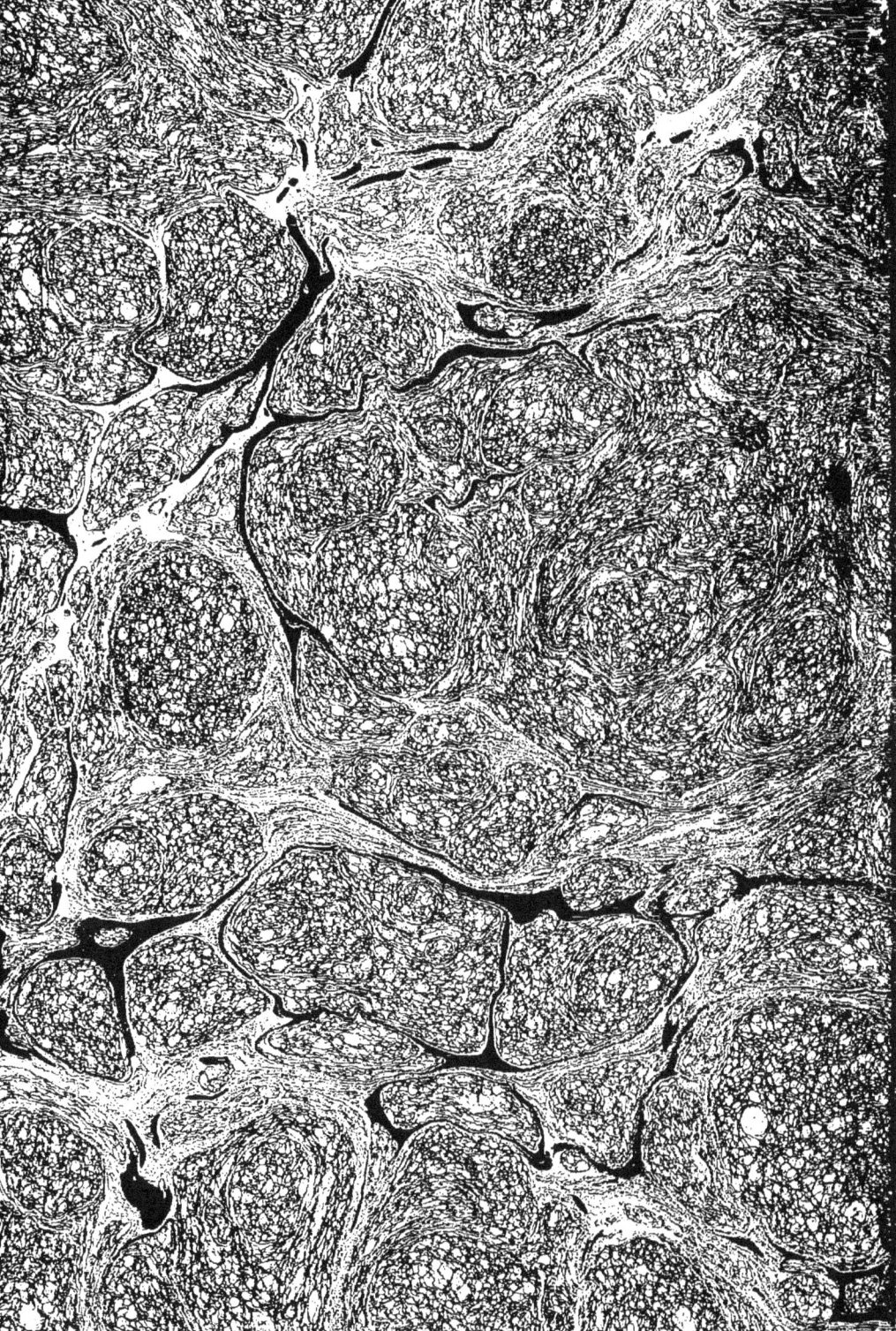

279: tas. 1
H.

ITINÉRAIRE DESCRIPTIF

OU

DESCRIPTION ROUTIÈRE,

GÉOGRAPHIQUE, HISTORIQUE ET PITTORESQUE

DE LA FRANCE ET DE L'ITALIE.

DE L'IMPRIMERIE DE LEFEBVRE, RUE DE BOURBON, N°. 11.

ITINÉRAIRE DESCRIPTIF

OU

DESCRIPTION ROUTIÈRE,

GÉOGRAPHIQUE, HISTORIQUE ET PITTORESQUE

DE LA FRANCE ET DE L'ITALIE,

Ire. PARTIE. — RÉGION DU SUD-EST,

Par R. V.***, INSPECTEUR des postes-relais,

Associé correspondant des Académies de Dijon et de Turin,
Membre de celle des Arcades de Rome.

Prix, 4 fr. avec la carte.

A PARIS,

chez POTEY, libraire, rue du bac, n°. 46.

1817.

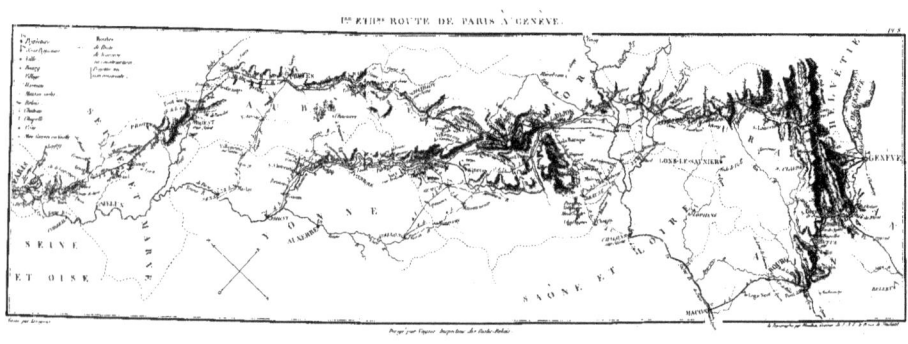

ITINÉRAIRE DESCRIPTIF,

ou

DESCRIPTION ROUTIÈRE,

GÉOGRAPHIQUE, HISTORIQUE ET PITTORESQUE

DE LA FRANCE ET DE L'ITALIE.

~~~~~~~~~~~~~~~~~~~~~~~~

Ire. ROUTE DE PARIS A DIJON,

Par Troyes.

75 lieues et demie.

———

§ 1er. *De Paris à Charenton (à compter du centre de la ville.)*. . . . . lieues.
2

On sort de Paris par le faubourg St.-Antoine, en regrettant de quitter, à l'entrée de ce faubourg, près de la place de la Bastille, la grande et belle rue qui mène à Vincennes et à Lagny, pour prendre à droite la triste et sale rue de Charenton.

Après avoir passé la barrière, on se trouve dans le village de Bercy, espèce d'arrière-faubourg de la Capitale, et principal entrepôt des vins qu'elle reçoit par la Seine. Il renferme une fabrique de vitriol, une manufacture de toiles peintes et une raffinerie de sucre. Au bout de ce village, on longe à droite le château de Bercy, et un peu plus loin, du même côté de la route, celui de Conflans, ancienne maison de plaisance des archevêques de Paris. Le vaste parc du premier, les agréables jardins du second, qui s'étendent jusqu'au bord de la Seine, ont été, dit-on, dessinés par Le Nôtre.

Immédiatement après le château de Conflans, on voit le village de ce nom, séparé de Charenton par celui des Carrières, qui semble faire partie de l'un et de l'autre, ou pour mieux dire, les réunir. La vue continuelle et imposante du château de Vincennes est la seule qu'on ait à gauche dans toute cette distance.

La maison de brique qui borde la route, à l'entrée de Charenton, a été bâtie par Henri IV pour la belle Gabrielle d'Estrées.

Ce bourg, situé sur la rive droite de la Marne, est composé de deux villages, Charenton proprement dit, et Saint-Maurice, qui forment deux communes séparées. Le premier comprend dans la sienne Conflans et les Carrières, dont nous venons de parler. Le village d'Alfort, qui n'est séparé de Charenton que par la Marne, dépend encore d'une autre commune ; ce qui fait cinq villages en un seul, et trois communes. La population totale est de seize à dix-huit cents habitans. Il y a un grand nombre de négocians en vin, une fabrique d'extrait de saturne et un bureau de poste.

Au bout du quartier de St.-Maurice, est l'ancien couvent de la Charité, dont on a fait une maison de santé pour les fous, fondation philantropique qui jouit d'une réputation méritée.

Les hôpitaux ordinaires des fous ne sont destinés qu'à les tenir renfermés, celui-ci est consacré à leur rendre la raison ; ils devraient tous l'y recouvrer, si les sensations douces que procurent un site délicieux, des promenades fraîches, au milieu des gazons et des berceaux, une vue ravissante, suffisaient pour opérer cet heureux effet. Il était impossible de trouver une position plus propre à calmer la fermentation du cerveau et à guérir les maladies morales.

M. de Coulmier, directeur général de l'établissement, était si persuadé que la distraction et le contentement d'esprit sont le vrai remède à ce genre de maladie, qu'il avait ouvert sa maison aux divers plaisirs de la société, les concerts, les bals et jusqu'à la comédie ; le tout exécuté par ses malades, qui ont fait, à cet égard, l'étonnement des connaisseurs, même des premiers artistes du Théâtre Français (*).

Le château d'Alfort a été consacré, en 1766, par le ministre Bertin, à une école vétérinaire, établissement non moins célèbre que celui dont on vient de parler, avec lequel il a même, ce me semble, un double rapport, et par son objet, qui est d'exercer de même l'art médical sur des êtres privés de raison, et par la difficulté de traiter de pareils malades.

Cette école renferme un jardin de botanique, où les plantes sont classées selon le système de Tournefort. Dans le bâtiment on voit un très-beau cabinet d'anatomie comparée, et dans ce cabinet, un assez beau buste en marbre blanc, monument consacré à la mémoire du célèbre Bourgelat, premier directeur de cette école.

Le pont de Charenton, souvent reconstruit, est fameux dans l'histoire, pour avoir été ensanglanté par plusieurs combats, depuis les Nor-

---

(*) Son successeur, M. Dumaupas, n'a point suivi le même système, condamné, avant lui, par le ministre de l'intérieur, et repoussé par le médecin de l'hospice, M. Royer-Collard, qui le regarde comme contraire à la guérison des aliénés, en ce qu'il excite les passions, au lieu de les calmer.

mands qui le rompirent en 865, jusqu'aux frondeurs qui y repoussèrent en 1649 l'armée du prince de Condé (*).

§ 2. *De Charenton à Grosbois.* . . . . lieues. 3

Après avoir passé le pont de Charenton, et relayé en face de l'école d'Alfort, on tourne de suite à gauche, en longeant à droite les bâtimens de cette école et laissant en face la route de Lyon. Celle que nous suivons, toujours bordée de beaux ormes, traverse une plaine plus cultivée en seigle qu'en froment, et plus fertilisée que fertile : c'est un sol de nature sablonneuse. Le pays ne tarde pas à s'embellir. Dans toute cette distance, on voit à gauche de jolis coteaux, dont le pied est baigné par la Marne, et le penchant tapissé de vignobles et de bosquets, au milieu desquels s'élèvent en amphithéâtre, d'abord le village de Saint-Maur, ensuite celui de Sucy.

On traverse en face du premier celui de Creteil,

(*) J'aurais pu renvoyer mes lecteurs, pour cette première distance, à la 1ʳᵉ. route de Paris à Lyon, dont elle fait partie ; mais j'ai cru devoir préférer l'inconvénient d'une répétition de trois pages à celui d'un pareil renvoi ; d'autant que les changemens opérés depuis trois ans ont nécessité quelques corrections.

et presque en face du second celui de Boissy. Entre les deux, on laisse à gauche, à peu de distance, celui de Bonneuil. Du même côté, on longe, un moment avant d'arriver au hameau de la Folie, où est placé le relais, le beau château de Grosbois, ainsi nommé à cause de la grande étendue de bois, au milieu desquels il est situé, et dont la plus belle partie forme un vaste parc de 1800 arpens, peuplé naguères de cerfs, de daims et de chevreuils. Les jardins du château renferment de belles statues, et la galerie de beaux tableaux.

Cette ancienne propriété de *Monsieur*, comte de Provence, aujourd'hui Louis XVIII, a passé successivement, depuis l'émigration de son illustre propriétaire, à la nation, au directeur Barras, au général Moreau, et enfin au général Berthier, dont la veuve l'occupe actuellement.

De l'autre côté de la route, un peu avant la grille du château de Grosbois, une longue avenue conduit à celui de Lagrange, appartenant à M. Boscary. — *Parcouru depuis Paris.* . . . . 5 lieues.

§ 2. *De Grosbois à Brie*. 2

Pays toujours frais et couvert, agréable et bien cultivé. Meilleure qualité de sol. Il s'améliore encore, à mesure qu'on avance, et produit à Brie le terme moyen de 6 à 7 pour 1. On entre dans le département de Seine-et-Marne, peu de temps avant d'arriver à cette petite ville, que la route laisse à droite en en parcourant le faubourg. Elle a un bureau de poste. Peuplée de 2600 habitans et dépourvue d'activité, elle n'offre d'autre agrément que sa position au milieu d'une belle et riche campagne, ni d'autre intérêt que ses marchés considérables tous les lundis de chaque semaine. C'est en quelque manière le grenier de la Brie, grenier qui contribue puissamment à l'approvisionnement de la Capitale. Cette ville renferme quelques maisons de plaisance et une belle église paroissiale d'architecture gothique. Le beau château qu'y possédait M. de Balby, a été vendu par lui et démoli par les acquéreurs.

Le surnom de Comte-Robert, donné à cette ville, lui vient de Robert, son fondateur, seigneur de Brie et comte de Dreux.

Elle a changé ce nom, dans la révolution, contre celui de Brie-sur-Yères, petite rivière qui en passe à près d'une lieue ; c'est une absurdité de plus à reprocher à ces temps de délire : Pussions-nous n'avoir pas d'autres reproches à leur adresser que des inconséquences de cette nature !

Une grosse tour que le voyageur remarque dans cette ville et qu'il est tenté de prendre pour un reste de l'ancien château, est un reste des fortifications de la ville.

Une communication mène de Brie à Melun par Réau, village situé à mi-chemin, et forme avec les deux distances que nous venons de parcourir, une seconde route de Paris à Melun ; route qui, moins entretenue dans cette partie, n'est pas à beaucoup près aussi fréquentée que la principale, quoique tout aussi courte. — *Par-* *couru depuis Paris*. . . . . lieues. 7

§ 4. *De Brie à Guignes.* 4

Les ormes continuent à border et ombrager la route. Le pavé cesse à mi-chemin. On voit à gauche, au bout d'une longue avenue, le château de Lagrange, appartenant au général de ce nom, et un peu plus loin, du même côté, celui de Coubert, bâti par le célèbre banquier Samuel Bernard : il fait partie du village qu'on traverse sur la route.

Iʳᵉ. ROUTE DE PARIS A DIJON.

Le pays est généralement gracieux, couvert et varié : sa fécondité est inégale. Guignes, petit bourg de 1000 habitans, n'a d'autre importance que d'être le point d'intersection de la route que nous parcourons avec celle de Melun à Meaux. *(V. cette communication annexée au volume des routes de Strasbourg).*

On n'y trouvait point, lors de mon passage, de bonne auberge, et l'on n'en payait que plus cher. — *Parcouru depuis Paris.* . . . . 11 lieues.

---

§ 5. *De Guignes à Mormant.* . . · 2
§ 6. *De Mormant à Nangis.* 3

Point de village dans la première distance : au milieu de la deuxième, on laisse à une portée de fusil à gauche, celui de Grand-Puits, et une lieue plus loin, celui de Bail-le-Carois, un peu moins considérable. Cette partie de route, toujours bordée de beaux arbres, traverse un des meilleurs et des plus beaux pays de la Brie. Mormant, bourg de 900 habitans, avec bureau de poste, est situé dans le noyau même de cet excellent terroir, qui produit communément 12 pour 1, en froment.

Nangis, petite et jolie ville d'environ 2900 âmes, ayant aussi son bureau de poste, offre une situation peut-être un peu moins riche que Mormant, mais beaucoup plus gracieuse, dans un des plus frais et des plus jolis bassins de la Brie.

Elle surprend le voyageur par ses belles promenades, dont l'une offre un magnifique berceau. Eloignée d'un demi-quart de lieue de la route, cette ville y communique par un double embranchement. — *Parcouru depuis Paris.* . . 16 lieues.

§ 7. *De Nangis à la Maison-Rouge.* 3
§ 8. *De la Maison-Rouge à Provins.* 3

Même plaine : sol moins riche. La Maison-Rouge est un hameau de 200 âmes.

Provins. On descend, par une côte en pente douce, à Provins, jolie ville située sur la Voulzie et le Durteint, dans un vallon délicieux. Elle se divise en ville haute et basse. La première, située sur la colline dont on longe le pied à gauche en arrivant, était autrefois la ville même, et n'en est actuellement qu'une faible partie. La seconde qu'on traverse par diverses rues et quelques tournans rapides, forme aujourd'hui la ville proprement dite.

Sa situation n'est pas le seul agrément par lequel elle séduit les voyageurs ; elle plaît aussi

Iʳᵉ. ROUTE DE PARIS A DIJON.

par ses rues propres et larges, quoique pas très-alignées, par ses maisons blanches et gaies, quoique médiocrement bâties, et surtout par ses promenades, qui règnent à l'entour, en forme de boulevard. On y admire de magnifiques berceaux dont la plus belle partie, voisine d'une fontaine minérale que possède cette ville, est animée, dans la saison des eaux, par la nombreuse réunion et les danses joyeuses des buveurs, qui viennent la plupart y chercher, moins la santé que le plaisir. La propriété apéritive de ces eaux ferrugineuses les rend bonnes pour les obstructions. On n'en fait usage qu'intérieurement.

La ville de Provins est moins connue par cette fontaine minérale que par ses roses, qui, recherchées également des parfumeurs et des fleuristes, ont cela de particulier que cette espèce, venue, dit-on, de la Palestine, ne réussit aussi-bien nulle autre part en France. Les plantations des rosiers nains qui les produisent, et la fabrication de conserves de roses, y sont pourtant devenues rares, depuis que ce genre de culture et d'industrie s'est introduit ailleurs, quoique avec moins de succès.

Près de la fontaine minérale, l'*ermitage* de M. Opoix offre, avec un agréable réduit champêtre, une jolie plantation de ces rosiers, et une collection intéressante de minéraux et de fossiles du pays.

Deux édifices seulement méritent l'attention des voyageurs à Provins, savoir : dans la ville basse, la maison commune par sa façade gothique ; et dans la ville haute l'église de Saint-Quiriace, par son vaisseau et surtout par son chœur, d'une architecture très-hardie. Les antiquaires y remarquent aussi une grosse et vieille tour, dont le bas est de construction romaine. Elle a fait partie de l'ancien château des comtes de Champagne.

Cette ville haute renferme environ 6 à 700 habitans, et la ville basse 5000. Les deux parties réunies en pourraient contenir 10 à 12,000, si leur population était proportionnée à leur étendue.

Dans la ville basse sont quelques bonnes auberges et des bains publics. Un jardin dépendant de cette partie renfermait, lors de mon premier passage, un jet d'eau curieux, en ce qu'il était, s'il faut en croire le propriétaire, le produit d'une mécanique souterraine, mise en mouvement par l'eau même, dont une partie s'élevait jusqu'à 7 ou 8 pieds au-dessus de terre, du fond d'un puits où l'inventeur ne laissait pas pénétrer les regards des curieux. Cette découverte d'un simple ouvrier de Provins, venait d'être achetée, lors de mon premier passage, par des spéculateurs, qui ont senti de quel prix elle pouvait être pour procurer aux amateurs des jets d'eau ou de simples réservoirs, dans leurs jardins et leurs enclos, sans recourir aux moyens ordinaires, toujours plus dispendieux et plus difficiles à exécuter. Cet inventeur du mouvement perpétuel n'a jamais voulu, quelques instances et quelques offres brillantes qu'on lui ait faites, s'expliquer avec les habitans, ni avec les savans, qui sont venus admirer sa découverte, ce qui la fait suspecter de charlatanisme. Le jet d'eau a disparu de son jardin dans l'intervalle de mes deux derniers passages, l'un en 1808, l'autre en 1816, les acquéreurs en ayant sans doute fait une condition de leur marché.

Les coteaux qui dominent ou avoisinent Provins offrent, au milieu des vignobles, des bosquets et des vergers dont ils sont couverts, de jolis manoirs champêtres et des sites charmans. Comme les biens sont trop souvent à côté des maux, la fraîcheur qui règne dans le vallon, rend le climat humide et les habitans sujets aux fluxions. Cela n'empêche pas qu'on n'y vive aussi long-temps qu'ailleurs, et que la constitution physique n'y soit fort bonne. Je n'ai vu nulle part des teints plus frais; mais nulle part aussi je n'ai vu plus de têtes enveloppées, pour des fluxions et des maux de dents.

Le séjour de cette ville est agréable sous tous les autres rapports, particulièrement sous celui de la société, qui se distingue par une grande aménité de mœurs. C'est le siége d'une sous-préfecture, d'un tribunal civil et d'un tribunal de commerce. L'hôtel-de-ville renferme une bibliothéque de dix mille volumes.

Provins possédait anciennement une célèbre manufacture de draps, dont la qualité était attribuée à celle des eaux du Durteint, excellentes pour la teinture. On prétend que les Anglais, en quittant le Royaume sous Charles VII, en amenèrent les ouvriers, et que c'est là l'origine des draps d'Angleterre.

Cette ville n'a plus aujourd'hui que des fabriques de grosses étoffes connues sous le nom de droguets, et quelques tanneries. Elle fait un grand commerce des grains et des farines de la Brie, dans les marchés considérables qui s'y tiennent tous les samedis de chaque semaine.

Des travaux entrepris avant la révolution par le prince de Salm, devaient rendre la Voulzie navigable jusqu'à la Seine. Le canal devait avoir quatre lieues de long : il n'y en eut que trois d'ouvertes. — *Parcouru depuis Paris.* . . . . . 22 lieues.

§ 9. *De Provins à Nogent-sur-Seine.* 4

Montée continuelle, mais très-douce, jusqu'à la forêt de Sordun, qui semble former la séparation du bon et du mauvais terrein de la Champagne. On ne reconnaît plus ici cette province, dont on s'est fait une si belle idée jusque-là. Effectivement, ce n'est plus la Brie au sol gras et fertile, quoique ce ne soit pas encore la Champagne Pouilleuse, aux champs craïeux et arides. Ce n'est ni la verdoyante fécondité de la première, ni l'attristante nudité de la seconde : on pourrait dire que c'est le passage de l'une à l'autre. Au sortir de la forêt, on entre dans le département de l'Aube. La culture du seigle vient se mêler à celle du froment, et les jachères deviennent fréquentes.

On gagne, vers les trois quarts de la distance, et l'on traverse, par une chaussée longue d'une lieue, la plaine basse, riche et aqueuse qui précède la ville de Nogent-sur-Seine. Plus cultivée en prairie qu'en champs, elle fait partie du bassin de la Seine et du domaine de ses inondations. On passe ensuite les deux bras de cette rivière ; le premier sur un fort beau pont de pierre construit par le célèbre Perronet ; le second sur un pont provisoire en bois, bâti à la place de celui que firent sauter inutilement les Français en 1814, pour s'opposer à la marche des alliés.

Nogent-sur-Seine. Ce dernier pont forme l'entrée de Nogent-sur-Seine, petite et assez jolie ville située sur le fleuve dont elle tire son surnom. Elle a une sous-préfecture, un tribunal de première instance et 3000 habitans. Elle se présente agréablement par les maisons gracieuses, les jardins et les plantations qui bordent les deux bras de la Seine, surtout dans l'île étroite et longue qui sépare ces deux bras.

Trois beaux objets se font remarquer dans cette ville ; 1°. le pont d'une seule arche que nous venons de passer en arrivant ; 2°. un beau moulin à farine ; 3°. la tour de l'église paroissiale, dont la hauteur, et plus encore l'architecture, d'un gothique particulier, ont mérité l'attention de quelques voyageurs et la mention quelques géographes.

Les alliés ont détruit en 1814 la caserne de cavalerie qu'avait fait construire le Gouvernement français, dans cette ville, à cause de la grande quantité de foin que produit son

son territoire, et dont on expédie l'excédant à Paris par la Seine.

Ces expéditions sont, avec celle des grains et surtout de l'orge et de l'avoine, le principal commerce de Nogent, qui expédie en outre, pour la même destination, beaucoup de charbon de bois et beaucoup de fer. Cette ville a quelques fabriques de bonneteries, deux corderies pour la marine, quatre foires par an, dont la principale, celle du 28 octobre, est renommée pour les chanvres, et un coche d'eau qui se rend à Paris tous les mercredis. Elle possède une charmante promenade sur le bord de la Seine. Son hôtel-de-ville était assez joli : il a subi le sort de la caserne. — *Parcouru depuis Paris...* lieues. 26

§ 10. *De Nogent-sur-Seine à Pont-le-Roi....* 2

Route toujours belle et plantée de beaux ormes : contrée presque toujours plate, et toujours cultivée en blé. Elle est peu fertile sur la droite ; sur la gauche, elle se ressent du voisinage de la Seine, qu'on longe continuellement à plus ou moins de distance.

Au bout d'un quart de lieue, on laisse à droite une ancienne route qui mène à Troyes, par une direction plus courte d'une grande lieue, que celle qu'on suit. Cette route commence par une belle allée formant l'avenue du chateau de la Chapelle, ancienne propriété de M. de Boulogne. On y admirait un beau portique en coquillage, qui est aujourd'hui détruit. La route longe ce château à gauche au bout d'une lieue.

Une demi-lieue plus loin elle laisse sur la droite la célèbre abbaye du Paraclet, fondée par Abailard, dont le nom rappelle la plus tendre, comme la plus malheureuse des passions. Le cœur se serre en abordant cette pieuse demeure, si féconde en mélancoliques souvenirs. On juge à sa belle apparence, malgré les ravages de la révolution, que ce n'est plus celle qu'habita le fondateur, et l'on ne peut s'empêcher de songer, en la voyant, à la petite chapelle faite de jonc et de branches d'arbres, qu'il y dédia à la Sainte-Trinité, et qui fut la souche de ce monastère.

« Cet homme d'illustre infortune (dit M. La-
» vallée) naquit aux persécutions, quand il
» mourut à l'amour ». Il est plus exact de dire que la persécution ne fit que changer d'objet. Ses amours avaient commencé le malheur de sa vie : ses opinions, ou pour mieux dire, les passions de ses ennemis, y mirent le comble. Poursuivi dans cette retraite, où sa réputation

attirait un grand nombre d'élèves, et forcé de la quitter, il la céda à sa chère Héloïse, qui s'y rendit avec ses timides compagnes. « Et les » souvenirs de la tendresse (dit encore M. La- » vallée) furent les fondateurs de l'asile de la » piété ».

Ce qui n'avait pu être réuni pendant la vie le fut après la mort : un même tombeau rassembla les cendres de ces deux victimes de l'amour. Abailard mourut le premier à Saint-Marcel, en 1142, près de Châlons-sur-Saône. Héloïse demanda ses cendres, et les obtint. Ce double tombeau a été transporté pendant la révolution au Muséum des Augustins, où il se trouve encore au moment où nous écrivons.

La route que nous parcourons longe pendant quelque temps à droite les bois de ce monastère, et ceux de l'ancien château de Pont-le-Roi. Elle laisse à gauche, une demi-lieue avant la petite ville de ce nom, l'avenue et le bourg de Marnay, qu'on voit, à quelques portées de fusil, sur la rive méridionale de la Seine. Pont-le-Roi est sur la même rive et à pareille distance de la route, qui aurait bien dû en passer plus près, si elle avait été tracée dans l'intérêt et des voyageurs, à qui il importe de rencontrer des lieux de ressource, et des habitans, pour

2 *

qui le passage de la grande route ne serait pas moins important. En prenant son alignement d'un peu loin, elle n'eût pas été plus longue.

La poste aux chevaux est dans un hameau de deux ou trois maisons, qu'on longe à droite, en face et à deux cents pas de la ville, où se trouve placée la poste aux lettres. Le château était à gauche : il a été brûlé par les alliés, comme propriété de la mère de Buonaparte : vendu dans la révolution, il lui avait été revendu par l'acquéreur. Il appartenait auparavant au prince Xavier de Saxe. Le bourg de Pont-le-Roi, que tous les géographes qualifient de ville, quoiqu'il ne soit peuplé que de 8 à 900 habitans, est incontestablement ville aujourd'hui, ayant reçu depuis peu du gouvernement ce titre honorable, avec le nom de *Pont-le-Roi*, à la place de celui de *Pont-sur-Seine*.

Je lis dans un auteur, qu'on a trouvé aux environs de cette ville une grande quantité de tombeaux que la tradition appelle *Tombeaux des Romains*. Je n'ai pu en voir aucun, quoiqu'il en subsiste encore plusieurs ; mais je doute que cette dénomination leur convienne, d'après ce qui m'a été rapporté sur le genre d'armures qu'ils renfermaient, et qui paraissent

Ire. ROUTE DE PARIS A DIJON.

appartenir aux siècles de la chevalerie. On n'y a trouvé aucune monnaie ni médaille. Un autre tombeau, également prétendu romain, a été découvert depuis très-peu de temps dans les bois de la Chapelle : j'ignore s'il a un caractère plus antique. — *Parcouru depuis Paris*. . . .

lieues
28

---

§ 11. *De Pont-le-Roi aux Granges*. 3
§ 12. *Des Granges aux Grèz*. 3½
§ 13. *Des Grèz à Troyes*. 4½

Terres crétacées et médiocrement fertiles, plus cultivées en seigle qu'en froment. C'est là que commence véritablement la contrée connue sous le nom de Champagne Pouilleuse; mais elle ne mérite pas encore ici tout-à-fait cette humiliante qualification. On n'y pénètre guère; on en parcourt la lisière méridionale. Son produit ordinaire, dans cette partie, est de 3 à 4 pour 1, au lieu de 2 ou 3 qu'elle produit au plus dans sa partie centrale. Aux approches de Troyes, elle se ressent du voisinage de cette ville, ainsi que de celui de la rivière.

Aux deux tiers de la première distance, on traverse le hameau de la Boule-d'Or, dépendant de Romilly, village qu'on laisse à gauche, et qui renferme beaucoup de filatures de coton, beaucoup de fabriques de bonneterie, avec un beau château appartenant au banquier Worms. On n'en voit que les plantations et le parc : il est caché derrière ce rideau de verdure.

Les Granges et les Grèz sont deux hameaux; l'un de cent et l'autre de vingt feux. Le premier dépend d'un village situé à un quart de lieue sur la gauche; le deuxième, d'un autre village, à un quart de lieue sur la droite.

Vers le tiers de la seconde distance, on trouve celui de Châtre, et vers la moitié, on laisse à gauche une route de Nancy, par Méry-sur-Seine.

Troyes. Le long faubourg de Saint-Martin forme l'avenue de Troyes. Ce faubourg est considéré comme un village, ayant sa commune séparée. Son église paroissiale, l'une des plus belles de la ville, est remarquable extérieurement par un grand et beau portail moderne, surmonté d'une jolie colonnade; intérieurement, par son vaisseau gothique, disposé en croix latine, et par ses riches vitraux parfaitement conservés.

Toutes les autres avenues de cette ville se distinguent de même par la longueur des faubourgs. Ancienne capitale de la Champagne, elle a toujours été regardée comme une des plus considérables villes de France, tant par son enceinte d'une lieue, non compris cette grande étendue de faubourgs, que par sa population de 30,000 habitans : elle en est en outre une des plus anciennes par son origine, qui se perd dans la nuit des temps, et l'une des plus vieilles par sa construction, qui paraît être encore aujourd'hui ce qu'elle était il y a quatre siècles. Des pignons aigus, des pans de bois peints, quelques-uns grossièrement sculptés, de tristes auvents et des façades extrêmement irrégulières; tel est l'aspect que présentent à peu près toutes les rues; elles sont néanmoins la plupart assez larges.

Cette ville n'a pas plus renouvelé ses églises que ses maisons; aussi est-elle riche en édifices gothiques. J'en ai compté neuf, qui sont : Saint-Pierre ou la cathédrale, Saint-Jean, Saint-Pantaléon, la Madeleine, Saint-Nizier, Saint-Nicolas, Saint-Urbin, Saint-Remy et Saint-Martin, dont nous venons de parler. Je ne connais aucune ville qui en possède un aussi grand nombre. La cathédrale est une des plus belles de France, sans être une des plus grandes. La nef est haute et soutenue par vingt-quatre piliers, qui vont, en décroissant de volume des deux côtés, former le rond-point du chœur. Vingt-quatre piliers correspondans à ceux-là partagent les bas-côtés en deux galeries, et vingt-quatre correspondans à ces derniers sont engagés dans les murs. Ces doubles bas-côtés, de beaux vitraux coloriés et bien conservés, notamment trois belles rosaces, et le magnifique pavé du chœur, sont les objets qui fixent dans cette église les regards des amateurs. L'extérieur n'a rien de frappant. Le portail devait avoir deux tours, et n'en a qu'une : elle devait être couronnée par quatre lanternes aux quatre angles; elle ne l'est que par deux, dont l'agréable effet laisse regretter les deux autres.

Après avoir admiré le vaisseau de Saint-Pierre, il faut aller voir, pour l'opposition, celui de Saint-Jean, aussi étroit que l'autre est large : il est curieux sous ce rapport. Celui de Saint-Pantaléon est une vraie miniature gothique. Vingt statues placées sur consoles, à chaque pilier, donnent à cette petite église l'apparence d'un petit muséum de sculpture. Ses vitraux peints en grisaille fixent aussi l'attention des connaisseurs : ceux de la Madeleine ne sont pas moins riches de coloris que de dessin. Dans l'église de Saint-Remi est un Christ en bronze par Girardon; dans celle de Saint-Jean, un beau Tabernacle sculpté par le même, et un Baptême de Jésus-Christ, peint par Mignard. On montre dans celle de Saint-Nicolas un Calvaire et un Sépulcre modelés, dit-on, sur ceux de Jérusalem, et dans celle de Saint-Nizier, des vitraux peints en grisaille, à l'instar de ceux de Saint-Pantaléon. Toutes sont plus ou moins riches en beaux vitraux.

L'hôtel-dieu, bel édifice du dernier siècle, est décoré d'une superbe grille qui borde la rue, et ne le cède en rien à celle de l'hôpital de Besançon, auquel celui de Troyes ressemble beaucoup.

L'hôtel-de-ville offre une assez jolie façade moderne en pierre de taille, bizarrement ornée de colonnes en marbre noir.

La salle de comédie est un bâtiment des plus ordinaires, pour ne pas dire des plus mesquins. Elle est bâtie en pans de bois, comme le reste de la ville, et si peu fréquentée, qu'aucun spéculateur n'entreprend d'en construire une plus convenable.

La porte Saint-Jacques, qui fait face à l'avenue de Châlons, est mal-à-propos attribuée à César; elle n'est pas plus romaine que les autres. Un rempart couvert entourait autrefois la ville. Le couvert a été abattu pour être remplacé par des arbres, qui ont été abattus eux-mêmes en partie, lors de l'invasion de 1814.

Autour et au pied des remparts, règnent, sous le nom de Mail, des allées qui procurent à la ville une double enceinte de promenades. La plus belle comme la plus fréquentée, est près de la comédie. Dans les fossés attenans sont des allées basses, taillées en berceaux, et arrosées, non par ces eaux bourbeuses et fétides qui croupissent ordinairement dans les fossés des villes, mais par une eau limpide et courante : c'est un ruisseau, qui donne aux fossés l'apparence d'un vallon en miniature; les talus verdoyans qui le bordent en représentent les coteaux.

La Seine traverse et entoure cette ville par plusieurs canaux qui alimentent son commerce manufacturier, consistant en filatures de laine et de coton, bonneterie, basins piqués, toiles, mousselines, grosses draperies, papeteries, tanneries, teintureries. On y fabrique aussi, comme à Châlons, le blanc d'Espagne. Ce produit des craies de la Champagne Pouilleuse se vend dans quelques provinces sous le nom de blanc de Troyes. Toutes ces diverses branches de commerce, qui donnent à la ville beaucoup d'activité, sont moins connues du commun des voyageurs que les hures et andouilles renommées, dont elle fait des envois à Paris et ailleurs.

Siége d'une préfecture, d'un évêché, d'une cour d'assises et des deux tribunaux de première instance et de commerce, Troyes possède encore une société académique, un collége, une belle bibliothéque dans l'ancienne abbaye de Saint-Loup, et deux établissemens de bains publics, dont le mieux tenu ne l'est guère, s'il ne s'est amélioré depuis mon passage.

La population est généralement active et industrieuse, mais plus composée de calculateurs que d'amateurs : ce qui fait que les arts et les sciences y sont peu cultivés, les spectacles peu fréquentés, aussi-bien que les promenades ; les toilettes peu brillantes et les bâtisses négligées, comme nous l'avons remarqué.

La pierre de taille y est très-chère, parce qu'on est obligé de la faire venir de douze lieues (*). La nature craïeuse de celle du pays ne permet guère de l'employer que pour les bâtisses en pans de bois.

Ces bâtisses sont de telle nature, que sans beaucoup de frais ni de peines, on transporte

---

(*) De Châtillon-sur-Seine.

une maison. Je n'ai pu être témoin d'aucune de ces translations, qui semblent mettre en problème si les maisons de Troyes sont des meubles ou des immeubles; mais j'en ai vu construire sur chantier, comme des navires, pour être placées ensuite sur le terrain qu'elles devaient occuper. Je ne m'étonnerais point de voir des spéculateurs en tenir des magasins, comme on tient des magasins de meubles de toutes les grandeurs, de manière que l'acheteur ayant dans sa poche la mesure qu'il lui faut, se présenterait avec son pied-de-roi à la main, et après avoir trouvé son affaire, acheterait et ferait marcher sa maison devant lui.

J'ai été surpris de ne voir aucune fontaine publique dans cette ville, dont les habitans sont réduits à l'eau de puits, qu'ils préfèrent à celle de la Seine. Je n'ai pas été moins étonné de voir plusieurs auteurs dignes de foi, avancer comme *une chose peu croyable, mais très-certaine*, que les boucheries de Troyes présentent la singularité de n'être pas sujettes aux mouches : *ce que les uns*, dit ingénuement la Martinière, *attribuent à un talisman, les autres aux prières de l'évêque Saint-Loup*; j'ai vérifié que ce miracle, aussi peu digne des prières d'un saint, que de l'attention du Ciel, n'a plus lieu depuis que la foi aux miracles s'est ralentie. On m'a cependant assuré que les mouches y entrent peu et ne pénètrent jamais dans l'intérieur : effectivement, comme je n'y ai point pénétré moi-même, je n'en ai vu qu'à l'entrée ; si elles n'avancent pas plus loin, c'est qu'elles fuient l'obscurité et non le bois de châtaignier dont sont construites ces boucheries, comme le veulent certaines personnes.

Quoique sur les confins de la Champagne Pouilleuse, et dans une partie de cette province qu'on pourrait considérer comme à demi-pouilleuse, d'après son terrein craïeux et peu fertile, cette ville, environnée des prairies, des vergers et des bocages, qui tapissent le bassin de la Seine, dans une largeur d'environ demi-lieue, jouit d'une situation fraîche et agréable, et ses environs offrent une grande quantité de promenades champêtres, dans des sentiers ombragés et tortueux, qui forment à peu de distance de ses murs autant d'allées naturelles.

Nommée *Augustobona* dans l'itinéraire d'Antonin, *Augustomana* dans Ptolomée, elle conserve cette dénomination jusqu'au milieu du cinquième siècle, où l'ancien nom des peuples, *Tricasses* ou *Trecasses*, dont elle était la capitale, a prévalu. Il a été corrompu de *Tricasses* ou *Tri-*

cassium, en *Trecæ*; et c'est de ce dernier nom latin qu'est venu celui de *Troyes*. Quelques étymologistes ont voulu le faire dériver de *Tres arces*, parce qu'il y a eu anciennement trois châteaux, dont on montre encore les emplacemens et quelques vestiges.

Cette ville a produit un grand nombre d'hommes illustres, parmi lesquels on distingue Pierre et François Pithou, auteurs du seizième siècle, dont le dernier trouva le manuscrit des fables de Phèdre, qu'il publia conjointement avec son frère; Jean Passerat, littérateur du même siècle; le savant Grosley, auteur d'un grand nombre d'ouvrages, notamment d'un Voyage en Italie, et d'un Discours sur l'influence des lois, qui concourut avec celui de Jean-Jacques Rousseau, et obtint un accessit; le pape Urbain IV, que nous avons déjà mentionné; le graveur le Bé; enfin Pierre Mignard et François Girardon, l'un aussi célèbre peintre que l'autre était fameux sculpteur.

Indépendamment des six lignes de poste qui aboutissent à Troyes, une grande et belle route, non encore confectionnée, et par cette raison non encore montée de relais, conduit de cette ville à Saint-Florentin, en passant par les deux bourgs d'Auxon et de Neuvy, et laissant à une lieue sur la gauche, la petite ville d'Ervy qui, aussi agréablement située que richement habitée, possède un bureau de poste et diverses fabriques.

Cette route, qui se prolonge au-delà de Saint-Florentin jusqu'à Auxerre, et au-delà d'Auxerre jusqu'à Bourges, d'où elle va joindre, à Châteauroux, celle de Paris à Bordeaux, présente une communication des plus importantes entre le nord et le midi de la France. — *Parcouru depuis Paris jusqu'à Troyes, par Provins*. . . 39 lieues.

§ 14. *De Troyes à Saint-Parre*. . . . . . . $4\frac{1}{2}$

Chemin plat et uni comme la contrée; culture de toute espèce. Dans la première moitié de cette distance, le blé rend sept à huit pour un : on croirait rentrer dans la Brie ; c'est qu'on ne quitte point le bassin de la Seine, qui, comme nous l'avons déjà observé, présente une bande fertile, et richement cultivée, à travers une plaine aride. Nous remontons la rive droite de ce fleuve. Le sol que nous avons vu si gras et si fécond, pendant les deux premières lieues, devient sablonneux dans les deux suivantes, où la culture du seigle vient se mêler à celle du froment. Ce dernier grain ne rend plus que 3 ou 4 pour 1, à Saint-Parre.

On a traversé au bout d'une lieue le village de Bréviande, et à mi-chemin le hameau des Maisons-Blanches, où la petite rivière d'Hozain, qu'on a franchie sur un pont de pierre, forme la séparation du bon et du mauvais terroir. A droite et à peu de distance de ce pont, se fait remarquer le château de Villebertin, appartenant à M. de Nesgrigny, et situé sur une route qui conduit à Tonnerre, par la petite ville et la forêt de Chaource. La route est bordée de deux belles rangées d'ormes.

Saint-Parre est un village de soixante-six maisons, alignées sur les deux côtés de la route. Les voyageurs y trouvent une auberge à la poste. — *Parcouru depuis Paris.* . . . . $43\frac{1}{2}$ lieues.

§ 15. *De Saint-Parre à Bar-sur-Seine.* . . . 3

Même nature de route. Le sol que nous avons vu dégénérer avant Saint-Parre, se maintient dans sa médiocrité jusqu'à Bar-sur-Seine, où il commence à se caractériser en pays de montagnes, par les hautes croupes qui dominent, et les pentes escarpées qui bordent la vallée de la Seine. On traverse au bout d'une lieue le village de Fouchère, et une lieue plus loin, celui de Lanclos, qui est un peu plus considérable.

Iʳᵉ. ROUTE DE PARIS A DIJON.

Bar-sur-Seine,

Bar-sur-Seine est une petite ville, située sur la rive gauche de la Seine : elle consiste presque toute entière dans la longue rue par laquelle on la traverse. Peuplée de 2400 habitans, elle possède une sous-préfecture et un tribunal civil. La vallée se trouve resserrée dans cette partie entre deux coteaux, dont l'un est dépouillé et l'autre garni de vignes et de bois. Sur ce dernier s'élève, d'une manière pittoresque, une chapelle de Notre-Dame, qui produit un fort bon effet au milieu du bocage antique dont elle est entourée. Ce bocage, semblable aux bois sacrés des anciens, à été toujours conservé avec une religieuse vénération, même dans les temps les plus anti-religieux.

Au bord de la Seine, est une agréable promenade qu'on ne voit point de la longue et large rue par laquelle on traverse la ville. Les coutelleries jadis renommées de Bar-sur-Seine n'existent plus. Le commerce des vins est le seul qu'on y fasse aujourd'hui. — *Parcouru depuis Paris.* . . . . lieues.

$46\frac{1}{2}$

§ 16. *De Bar-sur-Seine à Mussy.*   5

Route peu montueuse et de plus en plus bourbeuse, par l'effet de la mauvaise qualité des matériaux qu'on y répand, et du grand roulage qui la foule sans cesse, comme principale route de Paris à Dijon, à Besançon et à Genève, quoiqu'elle soit reléguée dans le troisième rang par le décret de classification. Au bout d'un quart de lieue, elle traverse la Seine au-dessus de son confluent avec l'Ourse, pour continuer à la longer sur la rive opposée. Immédiatement après le pont, on longe à droite une papeterie, et un peu plus loin, on voit, du même côté de la route, au bout d'une belle avenue d'un quart de lieue, le château de Polizy, appartenant à madame de Fargès. Il est agréablement situé au confluent de la Seine et de la Laigne. On rencontre divers lieux plus ou moins considérables, d'abord, vers le tiers de la distance, le village de Busseuil, peuplé de 4 à 500 habitans; demi-lieue plus loin, celui de Neuvillé, peuplé de 1000 à 1100; demi-lieue plus loin encore, Gyé, bourg de 12 à 1300; demi-lieue plus loin enfin, Courteron, village d'environ 600 âmes. C'est en face de Busseuil qu'est Polizy, sur le chemin des Ryceys, commune composée de trois bourgs formant ensemble une population de 4000 habitans. Ce lieu est renommé par ses vins et ses fromages. Il est décoré d'un château appartenant à M. de Pommereuil, et de trois clochers à flèches uniformes, qui font un bel effet de loin. Ce triple bourg est à près de deux lieues de la route. La fondation en est attribuée à une colonie Suisse.

Les collines se couvrent de vignobles sur les pentes, et de bois sur les cimes. Le sol est devenu calcaire, de craïeux qu'il était auparavant, sans que la transition ait été aperçue; soit qu'elle échappe aux rapides observations du voyageur, soit que la nature l'ait si bien fondue qu'elle en devienne imperceptible.

Mussy est une ville de 1800 habitans. Les évêques de Langres y avaient un château qui a été détruit dans la révolution. On en voit encore des restes assez considérables. Le bouquet d'arbres qui couronne la colline à gauche, est une promenade qu'ils avaient plantée. Cette petite ville possède un bureau de poste et des tanneries. — *Parcouru depuis Paris*. . . . . . 51 ½ lieues.

§ 17. *De Mussy à Châtillon-sur-Seine*. . . . 4

Continuant à remonter la rive droite de la Seine, on franchit, au bout d'un quart de lieue, la limite des deux départemens de l'Aube et de la Côte-d'Or. On traverse ensuite à des intervalles inégaux, divers villages, dont le principal, situé à mi-chemin, est Villier-le-Patras, près duquel on voit à droite celui de Pothières; celui-ci se fait remarquer par le beau bâtiment de l'abbaye de Saint-Maur, devenu aujourd'hui le château de M. de la Fare, officier de la maison du Roi.

Châtillon-sur-Seine.
On laisse à gauche, en arrivant à Châtillon, la route de Langres, et l'on traverse, sur un beau pont de pierre, la Seine réunie avec la Douix, qui prend sa source à quelques portées de fusil sur la gauche. Cette dernière, en se mêlant de suite avec la Seine, double en hiver le volume de ses eaux, qui se perdent en été au-dessus de la ville, tandis que la Douix coule presque toujours avec la même abondance. Cette belle source, qui, comme la fontaine de Vaucluse, sort du pied d'un rocher, sinon avec la même abondance, du moins avec la même limpidité, est un des objets intéressans à voir à Châtillon.

Au sommet de la colline caverneuse qui en renferme les secrets réservoirs, on voit une plantation d'arbres qui produit un assez bel effet de perspective. C'est une promenade qui m'a paru plus curieuse à voir de loin que de près, quoiqu'on y jouisse d'un coup-d'œil assez agréable sur la ville et ses environs. Cette hauteur offre une ruine imposante d'un ancien château des ducs de Bourgogne. On longe une plus belle promenade, entre le pont et l'entrée de la ville.

Le moderne château, qui s'élève sur une éminence et dont la grille borde la route à droite, est celui du maréchal Marmont, natif de cette ville et créateur de cette brillante habitation, dont on admire encore plus les accessoires, les jardins, les eaux, le parc, que le bâtiment même, tout élégant et tout somptueux qu'il est. On dit que le maréchal y a déjà dépensé plus de 1,500,000 f., sans qu'il soit achevé : il l'embellit et l'agrandit encore tous les jours.

Châtillon-sur-Seine, ville assez bien bâtie, qu'on traverse par une suite de rues propres et larges, formant une longueur de près d'une demi-lieue, renferme une population de 4000 habitans, un hôpital et un collége. C'est le siége d'une sous-préfecture, d'un tribunal de commerce et d'un tribunal de première instance. Elle possède une petite bibliothéque publique, formée des dépouilles de diverses abbayes. C'est la première ville que baigne la Seine, dont nous allons dans peu voir le berceau.

Si cette ville est petite par elle-même, elle

est grande par son commerce, qui consiste principalement dans la fabrication du fer, accessoirement dans les vins, les bois, la tannerie, la rouennerie, les blanchisseries de cire et les laines. On y vend aussi beaucoup de gros et menu bétail, notamment des mérinos, dans ses marchés du vendredi, qui sont très-considérables. Châtillon renferme en outre une belle papeterie, appartenant à M. Humbert. On y compte quatre maisons de banque et plus de trente maîtres de forges et fonderies, tant dans la ville que dans les environs.

C'est une véritable place de commerce; c'est aussi une ville de plaisir : l'hiver y réunit plusieurs seigneurs de la contrée, qui y portent le ton et le luxe des grandes villes, en y faisant circuler, avec leurs équipages, une grande quantité de numéraire.

On se rappelle qu'elle a été le siége du congrès tenu en 1814 entre les plénipotentiaires des alliés et celui de Buonaparte.

Le canal destiné à rendre la Seine navigable jusqu'à cette ville, était un sujet d'inquiétude pour les habitans et surtout pour les maîtres de forges, qui craignaient le renchérissement du bois, prévoyant qu'avec ce nouveau moyen de transport, la capitale en tirerait beaucoup plus qu'auparavant. Les inquiétudes ont cessé avec le projet : il paraît abandonné.

Les mines de fer que produit le pays sont toutes en grain. Le minerai, médiocre en qualité, rend, lavé, 33 pour 100. Les bois occupent le tiers de l'arrondissement. On n'en voit pas dans les environs de la ville, qui sont généralement nus et consacrés à la culture du seigle ou de l'avoine.

Châtillon est la patrie de Philandier, savant architecte du seizième siècle et du deuxième ordre; il latinisa son nom en Philander, et trouva après sa mort, un historien dans M. de la Marre, et un apologiste dans Piganiol, qui lui a consacré un des plus longs articles de sa Description de la France (*).

Une ancienne route de poste de sept lieues, conduit de Châtillon à Montbard, par un pays de montagnes arides, ferrugineuses et assez boisées, où l'on ne cultive que l'avoine.

(*) Auteur obscur de deux commentaires, l'un sur Vitruve, l'autre sur Quintilien, estimés dans le temps; peu consulté aujourd'hui, il mériterait à peine l'article que je lui consacre moi-même, si je n'avais cru devoir ce tribut à l'architecte de la belle cathédrale de Rodez, ma patrie.

Elle n'y réussit bien que dans les étés pluvieux.
— *Parcouru depuis Paris*. . . . . Lieues 55.

§ 18. *De Châtillon-sur-Seine à Saint-Marc*. . 5

On longe à droite, au sortir de la ville, la papeterie déjà mentionnée, de M. Humbert. C'est avant cette usine que se perd en été la Seine, dont on continue à remonter la rive droite. Alors son lit est à sec dans la ville même, où il est rafraîchi par la Douix, comme je l'ai déjà dit; ainsi, dans cette saison, ce n'est point l'eau de la Seine qui arrive à Paris, mais celle de la Douix, ce dont ne se doutent guère les Parisiens. On traverse, au bout d'une lieue, le village de Buncey, où l'on remarque une jolie maison de campagne, appartenant à M. Etienne, banquier de Châtillon.

Vers le milieu de la distance, est le village de Nod-sur-Seine, renfermant une fonderie, et plus loin, celui d'Aisey, situé d'une manière pittoresque, au bord de la Seine, qu'on y passe sur un pont de pierre. La côte qu'on gravit après le pont était extrêmement rapide : on se proposait de l'adoucir, en lui donnant une autre direction.

Le pays devient de plus en plus montagneux

et de plus en plus boisé; il prend même un aspect sauvage. Les forêts couvrent toutes les cimes. La Seine, dont on remonte la rive gauche, n'est plus qu'un ruisseau, qui promène au milieu des prés, dans un vallon solitaire, ses eaux limpides et poissonneuses. Ce ruisseau, qui alimente nombre de forges, va toujours en diminuant, à mesure qu'on avance, et toujours en décrivant de nombreux circuits, comme si la nature avait imprimé à la Seine dès son berceau, cette marche incertaine et tortueuse qui la signale dans tout son cours : fleuve ou ruisseau, son caractère est toujours le même. lieues.
— *Parcouru depuis Paris.* 60

§ 19. *De Saint-Marc à Ampilly.* 2
§ 20. *D'Ampilly à Chanceaux.* 3½
§ 21. *De Chanceaux à Saint-Seine.* 3

On s'élève au sortir de Saint-Marc, par une côte longue et peu rapide, sur une plaine montagneuse qu'interrompt faiblement le bassin de la Seine. On cotoie à plus ou moins de distance à gauche cette rivière, qu'on finit par traverser, sur un petit pont, dans le hameau de Courceaux, un quart de lieue avant le village de Chanceaux, et peu après l'embranchement de la route de Montbard. Cette rivière n'offre ici qu'un filet d'eau qui prend sa source dans un bois, à une demi-lieue sur la droite.

Ampilly est une maison seule, dépendante du hameau de même nom qu'on voit à un quart de lieue sur la gauche, Chanceaux un village assez considérable que la route traverse, et Saint-Seine un bourg de deux cents feux autour duquel elle tourne. Le village de Chanceaux est connu pour la confiture d'épine-vinette. Le bourg de Saint-Seine tire son nom d'une abbaye de Bénédictins, auquel il doit quelques embellissemens, et non, comme on pourrait le croire, de la source de la Seine, que nous venons de voir auprès de Chanceaux. Peu après ce village, nous avons passé tout à côté d'une des sources de la Thille qui se dirige vers la Saône; elle n'est pas à une lieue de celle de la Seine. Ainsi, nous sommes positivement au point où se partagent les eaux des deux mers, à-peu-près au centre de la chaîne que nous traversons. L'élévation n'en est pas de plus de 250 à 300 toises au-dessus du niveau de la mer.

Le bassin dans lequel est situé le bourg de Saint-Seine, rend 5 pour 1, en blé, et passe pour fertile, comparativement au reste de ces montagnes qui ne rendent que 3. Leur principale culture est en avoine. *Parcouru depuis Paris*. . . . . 69 lieues.

§ 22. *De Saint-Seine au val de Suzon*. . . 2½
§ 23. *Du val de Suzon à Dijon*. 4

Une demi-lieue de plaine pierreuse et une lieue de descente, à travers la forêt du val de Suzon, composent la première distance. Le val de Suzon est un hameau de quinze ou vingt maisons, la plupart neuves. Il dépend d'un village situé à un quart de lieue, sur la gauche et portant le même nom qu'ils tirent l'un et l'autre, du vallon au fond duquel ils se trouvent situés, et du ruisseau qui l'arrose. La truite de ce ruisseau a de la renommée.

A une demi-lieue à droite du val de Suzon, les amateurs peuvent visiter au milieu des bois et des rochers, deux grottes curieuses par leurs stalactites, et très-pittoresques par leur position.

Le site sauvage du val de Suzon a lui-même quelque chose de pittoresque. Des montagnes escarpées, de sombres forêts, des rochers et des précipices y rappellent au voyageur l'image des Alpes, qu'il ne tarde pas à découvrir, à 50 lieues de distance, quand l'état de l'horizon le permet, du haut de la croupe aride et calcaire qui sépare le val de Suzon des plaines de la Bourgogne. Il gravit cette croupe par une forte et assez rapide montée d'une demi-lieue, et découvre bientôt la ville de Dijon à la naissance de ces vastes plaines, au confluent du Suzon avec l'Ouche, et au pied de la chaîne de montagnes dont il franchit le dernier rameau. Il arrive dans cette ville par une rampe douce et prolongée de près de deux lieues, dont il parcourt la première moitié à travers des champs aussi arides que ceux du plateau même, et la seconde à travers une continuité de vignobles, que domine à droite le village de Talant, remarquable par sa position sur une espèce de plate-forme, et par son ancien titre de ville, qui lui donnait le droit de député aux états de la province.

Dijon.   Dijon n'étant précédé de ce côté par aucun faubourg, le premier édifice qui se présente, est la porte en arc de triomphe formant l'entrée de cette ville.

Si les vieilles constructions et les vilaines rues de Troyes ont attristé mes regards, j'en ai été dédommagé par l'impression toute contraire que m'a fait éprouver l'intérieur de Dijon. L'étendue de ces deux villes est à peu de chose près égale, et on les range dans la même classe géographique; mais elles diffèrent sous tous les autres rapports : Troyes renferme 30,000 habitans ; Dijon n'en renferme que 21,000. La première est composée de vieilles maisons en bois, l'autre de belles maisons en pierre de taille. Si l'une semble remplie d'ouvriers et de marchands, on dirait la seconde peuplée de rentiers et de seigneurs. On trouve une activité continuelle dans les vilaines et populeuses rues de Troyes, tandis qu'on ne trouve que silence et inactivité, garants muets de l'absence de tout commerce, dans celles de Dijon. Enfin, autant les rues de l'une sont sales et sombres, autant celles de l'autre sont propres et gaies.

On cherche vainement dans cette dernière les trottoirs vantés par l'observateur anglais Arthur Young. Les rues de Dijon n'ont pas de trottoirs. Elles ne sont pas non plus alignées, si l'on excepte celle de Condé, qui ne l'est encore que dans une très-petite longueur. Les maisons n'ont, la plupart, qu'un ou deux étages ; ce qui, en nuisant à la noblesse, tourne au profit de la gaieté, de la propreté et de la salubrité.

Parmi un grand nombre d'hôtels, les plus remarquables sont celui de la préfecture, jadis de l'intendance, et le palais des états, ou logis du Roi. La façade de ce dernier, également vantée par Arthur Young, n'a quelque ornement d'architecture qu'aux deux extrémités des ailes latérales aboutissant, et formant façade sur la place Royale ; encore ces ornemens sont-ils de mauvais goût.

Cette place, qui se dessine en fer à cheval devant le palais, est une des beautés de Dijon. On se demande cependant pourquoi la hauteur des façades en fer à cheval se termine tout à coup au-dessus des entresols, par une balustrade derrière laquelle se montrent d'une manière désagréable les toitures des maisons qui sont derrière, et l'on regrette, ou que cette façade n'ait pas été élevée à une hauteur convenable, ou que, si des raisons majeures s'y opposaient, on n'ait pas au moins fait disparaître les vieilles constructions attenantes, et masqué celles qui pourraient se montrer encore à une plus grande distance par une allée d'arbres, développée en ligne demi-circulaire, comme la façade même, dont le couronnement en balustrade formerait alors un très-bon effet à travers ce rideau de verdure. Le milieu de la place était décoré d'une belle statue de Louis XIV, qui a été détruite dans la révolution.

Le palais renferme un muséum de peinture et de sculpture, moins riches en bons originaux qu'en bonnes copies. On y a conservé quelques restes des superbes mausolées de la Chartreuse de cette ville. J'y ai admiré notamment plusieurs statues de moines pleureurs d'un fini précieux. La vieille tour qui s'élève derrière le palais, sert d'observatoire.

Trois églises gothiques et une moderne réclament l'attention des voyageurs à Dijon.

Celle de Saint-Bénigne, aujourd'hui la cathédrale, se fait admirer de loin par l'élévation hardie et l'extrême légèreté de sa flèche, haute de 280 pieds, au lieu de 350 que lui donnent certains auteurs. Elle a été inclinée et un peu contournée par le vent, de manière que les filets qui règnent de haut en bas, présentent une apparence de spirale ou de torse; cet effet du vent est attribué par quelques personnes à l'intention de l'architecte, qu'on suppose avoir voulu vaincre une difficulté de plus. L'intérieur de cette église renferme de beaux mausolées en marbre, dont les principaux sont ceux des présidens de la Berchère, de Berbisey et de Frémyot, par divers artistes de cette ville.

L'église de St.-Michel offre un portail curieux par l'architecture gothique de deux époques différentes qu'on remarque dans le bas, et l'architecture moderne qui en décore la voûte, ainsi que le dessus, dans tout le reste de la façade. La grande porte est surmontée d'un bas-relief qui paraît encore plus moderne et meilleur d'exécution que de conception : c'est un purgatoire.

L'église de Notre-Dame, ancienne cathédrale, se fait remarquer de même par son portail. Celui-ci est entièrement gothique. Un profond vestibule d'un genre austère, lui imprime un caractère particulier. L'intérieur de cette église est un objet d'admiration pour les habitans, qui trouvent à la nef de la hardiesse, aux piliers de la légèreté, et à tout l'ensemble, je ne sais quel charme, qui leur fait envisager cette église comme un chef-d'œuvre d'architecture gothique ; et à les en croire, Vauban l'a jugée de même. Je ne croirai à un pareil jugement d'un pareil connaisseur qu'autant qu'on me le fera voir signé de sa main ; mais il n'est connu, je crois, que par tradition ; et je suis bien persuadé que si ce grand homme revenait, il serait le premier à rire de l'admiration qu'on lui prête pour cette église. Elle ne mérite l'attention des curieux qu'à cause de ce singulier engouement de toute une ville, remplie pourtant de gens instruits, qui n'ont pas su s'en défendre plus que le reste des habitans. La nef de Notre-Dame n'a ni largeur, ni élévation, ni hardiesse,

Iʳᵉ. ROUTE DE PARIS A DIJON.

ni élégance : elle n'est pas plus riche d'ornemens que belle d'architecture. Les piliers en forme de colonnes, qui la supportent, sont écrasés et hors de proportion avec la voûte. L'extérieur ne vaut pas mieux que l'intérieur. Enfin c'est une église des plus ordinaires, qui nous paraît bien inférieure aux deux précédentes, quoique les Dijonnais en jugent tout autrement. Nous en appelons de la prévention des habitans à l'impartialité des voyageurs.

Une quatrième église sur laquelle nous serons tous d'accord, est celle des Orphelines-Sainte-Anne. C'est un édifice moderne d'une forme élégante ; il est surmonté d'un dôme qui en fait la principale beauté, et cette beauté n'étonne point quand on entend nommer l'architecte Louis. On admire au-dessus du maître-autel un joli baldaquin en marbre de diverses couleurs, et sous la coupole, vis-à-vis de cet autel, les deux statues également en marbre des présidens Joli et Bouchu. Les statues et le baldaquin sont de Dubois, sculpteur distingué, natif de cette ville. Dans la même église est un assez bon tableau du dix-septième siècle, représentant la communion de Sainte-Catherine de Sienne, par Quentin, peintre de Dijon.

La Chartreuse, vaste et superbe édifice qui

était situé hors de la ville, sur l'avenue de Semur, et son église, qu'embellissaient les somptueux tombeaux des ducs de Bourgogne, ont été démolis par l'acquéreur, M. Cretet, mort ministre de l'intérieur.

Près du rempart, entre les portes Guillaume et Saint-Nicolas, s'élève hors-d'œuvre, en forme d'ancienne citadelle, un château gothique, flanqué d'énormes tours, unique reste des anciennes fortifications de la capitale du royaume de Bourgogne. Ces remparts sont très-bien conservés, et plantés presque partout de beaux arbres. Le tour de la ville est aussi planté de distance en distance, ce qui forme une double enceinte de promenades. Dijon en possède encore d'autres extérieures, dont trois fort belles, qui sont : 1°. près de la porte de Paris, l'Arquebuse, charmant bosquet, qui renferme un énorme peuplier de vingt-quatre pieds de circonférence, le plus grand que j'aie vu de ma vie; 2°. près de la porte Saint-Pierre, un superbe cours d'une demi-lieue de long; 3°. au bout de ce cours, et au bord de l'Ouche, le Parc, dont la promenade précédente est censée faire partie, en étant comme l'avenue : c'est un bosquet moins gracieux, mais plus grand que celui de l'Arquebuse. Il a été planté par le

Iʳᵉ. ROUTE DE PARIS A DIJON.

Nôtre, pour le grand Condé, pendant son exil à Dijon.

Un jardin de botanique assez bien tenu, est encore un des ornemens de la capitale de la Bourgogne, et une source d'instruction pour la jeunesse, de jouissances pour les amateurs.

L'amour des lettres et des arts fut toujours un des reliefs de cette ville, dont le moral est encore plus intéressant à observer que le physique. Une école des beaux-arts a succédé à son académie de peinture, qui formait d'excellens élèves, et entretenait toujours des pensionnaires à Rome. Cet établissement, joint au muséum de peinture et de sculpture, à l'observatoire et au jardin de botanique, ainsi qu'à une bibliothéque de quarante mille volumes, placée dans le bâtiment du collége, à divers cabinets littéraires, et surtout à une fameuse académie des sciences, arts et belles-lettres, alimentent à Dijon, et y ont maintenu dans tous les temps, à un très-haut degré, les talens et le savoir, auxquels contribuait aussi son parlement, qui a fourni beaucoup d'hommes de mérite, notamment les trois célèbres présidens, Jeannin, Bouhier et de Brosses.

Cette ville, patrie d'une foule d'autres grands

4*

hommes, a vu naître, indépendamment de plusieurs princes de la maison de Bourgogne qui se sont illustrés, le fameux Aubriot, architecte et prevôt de Paris sous Charles V, qui lui confia la construction de divers édifices, notamment du Pont-au-Change et de la Bastille, où il fut lui-même enfermé; le grand Bossuet; les trois Papillons, l'un poëte du seizième siècle, ami et contemporain de Marot, le second, célèbre jurisconsulte et grand orateur du même siècle, le troisième, savant distingué du dix-septième et du dix-huitième; la Monnaye, autre savant non moins distingué; Longepierre, auteur de diverses traductions et d'une tragédie de Médée, préférée à celle de Corneille; Crébillon, Piron, Larcher, Guiton-Morvaux, enfin plusieurs peintres et sculpteurs célèbres.

A la culture des sciences, des lettres et des arts, cette ville joint encore l'aménité de mœurs d'une ancienne capitale, et le bon ton d'une ville parlementaire. Elle était, avant la révolution, le séjour d'un grand nombre de riches seigneurs, et l'on y comptait jusqu'à cent équipages, considérablement réduits aujourd'hui.

Cette capitale, d'abord du royaume, ensuite de la province de Bourgogne, est aujourd'hui le

Iʳᵉ. ROUTE DE PARIS A DIJON. 53

chef-lieu de la partie de la même province, dont a été formé le département de la Côte-d'Or. Elle a conservé son évêché. Son ancienne intendance se trouve remplacée par une préfecture, son parlement et autres cours souveraines par la cour royale, la cour d'assises et les deux tribunaux de première instance et de commerce. Son commerce cependant, donné pour très-considérable par plusieurs auteurs, mais presque nul, comme nous avons eu occasion de l'observer, se réduit aux vins et aux bois que produit son territoire, et ses ressources manufacturières à quelques fabriques de draps communs. La moutarde de Dijon est le plus renommé des produits industriels de cette ville. (*) Le voyageur s'étonne de ne pas y voir de fontaines publiques. Elle a quatre maisons de bains et quatre auberges, dont une seule, celle des Trois-Pigeons, mérite d'être indiquée aux voyageurs (**).

(*) L'ouverture du canal projeté de la Seine à la Saône ne pourra guère manquer de diriger les habitans du côté du commerce, si les travaux se confectionnent.

(**) Je les invite à se méfier de celle où conduisent ordinairement les postillons. Ma qualité de voyageur en poste, et surtout mon uniforme à broderie, m'ont fait taxer à 12 fr. par tête pour une seule couchée et un seul

La salle de spectacle n'est pas belle, mais elle est très-fréquentée, parce que les acteurs sont ordinairement bons. Le goût du public de Dijon n'en admet pas d'autres. Les mauvais acteurs, comme les mauvaises pièces, n'y réussissent pas plus qu'à Paris (*).

L'origine de Dijon, en latin *Divio* ou *Castrum Divionense*, *Castrum Divionum*, est inconnue, et en conséquence débattue par les historiens, qui, réduits à la chercher dans les conjectures, ne nous apprennent que les différens rêves de leur imagination. La plupart des géographes regardent comme certain que cette ville n'existait pas lorsque Jules César commença la conquête des Gaules; et qu'il établit

---

repas, pris, non dans l'appartement, ce qui se paie ordinairement le double, mais dans la salle à manger, ce que j'avais exigé, pour ne payer que le prix ordinaire. C'était alors l'hôtel de la *Cloche*, nom qui *sonnait* sans doute mal, et que le prudent aubergiste a échangé depuis contre celui de *Condé*.

Je me permets ces plaintes trop rarement, pour que le lecteur ne me pardonne point celle-ci, dont l'objet est bien plus de le garantir du même sort, que d'exercer mon ressentiment.

(*) On dit que cette extrême sévérité de goût s'est beaucoup altérée depuis quelques années, et que les mauvaises troupes sont admises aujourd'hui à Dijon comme ailleurs.

en cet endroit un camp, d'où sera venu le nom de *Castrum Divionense*. Quoi qu'il en soit, Grégoire de Tours la décrit dans son troisième livre, comme une ville considérable, en s'étonnant qu'elle ne soit pas au nombre des cités,

Quæ, cur civitas non dicta sit, ignoro.

Si les Dijonnais n'ont rien à nous apprendre sur l'origine de leur ville, ils peuvent montrer, à l'appui de son ancienneté, diverses pierres antiques, chargées d'inscriptions et de reliefs, qui ont été trouvées dans les démolitions et les fondations des remparts, reconstruits par l'ordre d'Aurélien; ce qui prouve une existence antérieure à ce règne, et par conséquent une haute antiquité.

L'urne déterrée en 1598 dans une vigne du médecin Guénébaud, et décrite par lui, dans son *Réveil de Chyndonax*, fut une découverte intéressante, qui occupa un grand nombre de savans, tels que Saumaise, Casaubon, Montfaucon, etc. L'inscription grecque que prétend y avoir trouvée Guénébaud, et qu'il traduit ainsi : « *Dans le bocage de Mithra,*
» *ce tombeau couvre les cendres de Chyndonax,*
» *grand-prêtre : arrière, impie, car les Dieux*
» *sauveurs gardent mes cendres.* », a été réputée

fausse par Montfaucon, quoiqu'elle ait été admisé par les érudits du temps. Différemment et plus exactement traduite par cet antiquaire, elle a été encore rapportée, depuis, de diverses manières par les divers auteurs qui en ont parlé, notamment par MM. Chaudon et Delandine qui, sur la foi de cette douteuse inscription, accordent une place dans leur Dictionnaire historique, et au grand-prêtre Chyndonax, et au médecin Guénebaud.

De nos jours, une urnes emblable a été découverte dans le même territoire. Elle occupait une cavité pratiquée à la partie supérieure d'un chapiteau qui paraît d'ordre toscan ou dorique. Cette urne est conservée, ainsi que le chapiteau qui la contenait, dans la collection de M. Baudot, amateur distingué de cette ville, chez qui on trouve beaucoup d'autres antiquités, beaucoup de documens intéressans, et beaucoup de complaisance; M. Millin rend compte, dans son Voyage du midi de la France, d'un grand nombre d'autres monumens qui viennent à l'appui de l'origine ancienne à laquelle prétend avec fondement la ville de Dijon.

On est frappé de voir le Suzon presque toujours à sec sous les murs de cette ville, après l'avoir vu rouler des eaux vives et assez abondantes au val de Suzon. C'est qu'il se perd dans l'intervalle à travers les sables; ce qui n'a lieu que depuis un siècle, par l'effet des travaux qui furent entrepris alors pour creuser le lit et le rendre plus profond.

La plaine de Dijon nous a paru offrir à l'œil la monotonie ordinaire de presque toutes les plaines. Elle est peu boisée, cultivée, partie en vignes, partie en champs, et assez fertile. Le froment y rend environ 6 pour 1; les labours s'y font tant avec des bœufs qu'avec des chevaux. Le côté du couchant, par lequel nous sommes arrivés, offre un joli rideau de collines diversement découpées et couvertes de vignobles dans les pentes, de forêts sur les croupes. Ces forêts contribuent à l'approvisionnement de Paris. Les vins sont agréables à boire, sans avoir ni la délicatesse, ni la renommée des premiers vins de Bourgogne, qui ne commencent qu'à Gevrey, à une lieue S. de Dijon, sur la route de Beaune.

Outre les six routes de poste qui partent de cette ville, elle a encore une grande route qui conduit, en suivant le canal de Dijon, et sans passer dans aucun lieu considérable, à Saint-Jean-de-Lône, petite ville située sur la Saône, et peuplée de 1700 habitans. Elle est recommandable par le siége qu'elle soutint avec succès en 1636, contre l'armée combinée de l'Espagne, de l'empereur et du duc de Lorraine. Ce qu'on a peine à croire, c'est que cette armée était de 80,000 hommes, et que la garnison, avec les habitans en état de porter les armes, ne montait qu'à 500 combattans. Une crue de la Saône dont les habitans ne parlent point, favorisa leur résistance, et détermina la levée du siége.

Fin de la première route de Paris a Dijon.

DEUXIÈME ROUTE
DE PARIS A DIJON,

Par Melun, Joigny et Tonnerre.

76 lieues.

―――

	lieues.
De Paris jusqu'à Joigny (v. 1re. route de Paris à Lyon.) 12 *Paragraphes*.	34 ½
§ 13. *De Joigny à Esnon*.	4
§ 14. *D'Esnon à Saint-Florentin*.	3

UNE plaine fertile et bordée, à peu de distance à gauche, par de rians coteaux de vignes qui font la continuation de ceux de Joigny, s'étend à perte de vue sur la droite, au-delà de l'Yonne, qui reçoit l'Armançon vers le milieu de la première distance. C'est entre ces jolis coteaux et ces deux jolies rivières, dont l'une succède à l'autre, qu'on continue sa route, en laissant à droite le chemin de Chably, une lieue avant Esnon, village composé de quelques chaumières éparses et d'un très-beau château appartenant à M. Grand, banquier.

Une demi-lieue plus loin est la ville de Brinon, qu'on a surnommée l'*Archevêque*, pour la distinguer de plusieurs autres lieux de même nom. Très-jolie, bien bâtie, et surtout bien percée, elle satisfait pleinement, pendant le trajet, les regards des voyageurs. Il y a un bureau de poste et environ 2000 habitans.

A mi-chemin de cette petite ville à celle de Saint-Florentin, on trouve le village d'Avrolt. Le château qu'on voit à gauche appartient à M. Jolivet.

Saint-Florentin.

Saint-Florentin est encore une jolie ville, quoique moins bien percée que Brinon : sa population est à peu près la même. On y remarque une haute et assez belle église paroissiale, où les curieux ne doivent pas manquer de voir un escalier double, enfermé dans un pilier, sans que les deux rampes aient aucune communication entre elles. Les vitraux de cette église sont bien conservés. Il en est un sur lequel est peinte la fontaine de la ville, telle qu'elle existe encore sur la place publique, circonstance faite pour ajouter beaucoup d'intérêt à ce monument gothique, qui n'en manque pas d'ailleurs par lui-même.

Ce qu'il a de plus curieux est la belle forme des tuyaux de bronze, en gueules de dragons qui vomissent l'eau. Deux jolies promenades, dont l'une nommée le *Prieuré*, offre une position aérée et une fort belle vue, contribuent à l'agrément de cette petite ville.

A un quart de lieue de distance, on voit un beau pont en bois, sur lequel la route d'Auxerre franchit l'Armançon, et un plus beau pont en pierre et en brique, sur lequel le canal de Bourgogne, traverse la même rivière. Ce pont-canal est un objet de curiosité du premier ordre qui mérite l'attention, j'ose même dire, l'admiration de tous les connaisseurs.

La plaine de Saint-Florentin, arrosée par les deux rivières d'Armance et d'Armançon, qui se réunissent sous les murs de cette ville, est cultivée en grains et assez fertile; le froment y rend de 6 à 7 pour 1. Les coteaux qui la bordent vers le nord, à plus ou moins de distance, sont en grande partie couverts de vignobles. — *Parcouru depuis Paris*. . . . .

lieues.
$41\frac{1}{2}$

§ 15 *De Saint-Florentin à Flogny*. 3
§ 16. *De Flogny à Tonnerre*. . . . . $3\frac{1}{2}$

Même plaine le long de la rive droite de l'Armançon et du canal de Bourgogne; bonnes terres à froment qui rendent 8 à 9 et jusqu'à 10 pour 1, dans les meilleures parties. Au départ, trajet de l'Armance sur divers ponts: aux deux tiers de la première distance, village de Percey et château de M. de Malessye. Flogny est un autre village, et un chef-lieu de canton. On y longe à droite le beau château de madame Boucher de Flogny.

La vallée se resserre et s'embellit après ce relais. Les vignes des coteaux s'étendent dans la plaine, et s'y entremêlent avec les champs, auxquels elles semblent disputer le terrein pied à pied : bientôt la victoire leur reste; elles s'emparent de toute la contrée, qu'elles enrichissent et embellissent en même temps. A mesure qu'on avance, l'imagination leur prête un charme de plus, en songeant qu'elles produisent les excellens vins de Tonnerre.

Entre Flogny et cette ville, vers le milieu de la distance, on longe à gauche le village de Trouchois; un quart de lieue plus loin, à droite, dans le village de Cheney, le parc et le beau château de M. de Vergennes; un peu plus loin encore, à gauche, le grand et assez beau village de Dannemoine, qui renferme un autre château. Le territoire en est renommé pour les bons vins. Mais le lieu le plus fameux de tous, sous ce rapport, et celui qui mérite le plus sa réputation, est Epineuil, que la route laisse à peu de distance à gauche, en passant au pied du coteau sur lequel est situé ce beau village. Il renferme plus de 200 feux. Les vignobles qui couvrent presque tout son territoire, produisent la pre-

IIe. ROUTE DE PARIS A DIJON. 63

mière qualité des vins connus sous le nom de Tonnerre.

Quelques maisons de campagne ajoutent à l'agrément de ce village, déjà si gracieux par sa position au sommet d'un charmant coteau et au milieu des plus riches vignobles de cette partie de la Bourgogne. La principale de ces maisons de plaisance est celle d'un de mes plus estimables camarades, M. Jacquesson-Vauvignoles. Son respectable et vertueux père m'y a fait les honneurs de l'hospitalité, avec ce caractère patriarchal qui caractérise le bon vieux temps. Je dois à l'exactitude de ses renseignemens, à la justesse de ses observations, mes meilleurs matériaux pour la description de cette route.

Nous n'avons point cessé de longer à droite le canal de Bourgogne et la rivière d'Armançon, ayant toujours sur la rive opposée, divers villages considérables, qui animent et diversifient la perspective.

Tonnerre. On traverse sur trois ponts les trois bras de cette rivière, en arrivant à Tonnerre, ville de 4000 habitans, située, tant au pied que sur le penchant d'une colline. Elle produit de beaux effets de perspective, soit pour les voyageurs qui la découvrent de loin, soit pour les curieux qui veulent jouir des points de vue qu'elle offre elle-même du haut de la terrasse de l'église de Saint-Pierre. Cette église n'a rien de remarquable que sa position élevée et son clocher en forme de tour gothique, qui lui donnent un aspect pittoresque.

Dans celle de l'hôpital, vaste vaisseau sans architecture, remarquable toutefois, en ce qu'il est aussi sans piliers, on voit le tombeau de Marguerite de Bourgogne, reine de Sicile, épouse de Charles d'Anjou.

Cette église, ancienne salle d'hôpital, renferme aussi un gnomon, ouvrage de dom Camille Ferouillat et de dom Garlon. Il n'est pas détruit par les révolutionnaires, comme le dit le Dictionnaire géographique de Boiste. L'hôpital attenant est un assez bel édifice.

Dans le faubourg Bourbereau, au pied de la colline sur laquelle s'élève l'église Saint-Pierre, est une magnifique source, connue sous le nom de Fosse-Yonne : elle forme un bassin rond d'un diamètre de quelques toises et d'une profondeur assez considérable, qui n'empêche pas de distinguer parfaitement le fond, à travers une eau des plus limpides. Malheureusement on n'y découvre que des ordures, des ossemens, des débris, des têts de vase, etc. Certes, ce n'est pas là le fond qui convient

convient à une aussi belle eau. L'œil y réclamerait de l'art un pavé de marbre, ou de la nature un pavé de cailloux. Cet abandon d'un véritable trésor, que les habitans de Tonnerre ne savent point apprécier, est cause qu'ils ne peuvent pas faire usage de cette fontaine pour leur boisson; mais ils l'utilisent pour leurs moulins, leurs tanneries, etc.; car l'eau qui en sort est une petite rivière.

Les maisons généralement bien bâties en pierres de taille, se ressentent avantageusement du voisinage des fameuses carrières de cette ville. Les rues, assez larges, seraient aussi assez belles, si elles n'étaient excessivement boueuses.

Sous ce rapport, on peut dire que Tonnerre est un petit Paris ; car, après cette capitale, c'est la ville de France où j'ai trouvé le plus de boue. Le temps n'en était point cause ; puisqu'à la même époque, il n'y en avait point à Joigny, à Saint-Florentin, à Montbard et à Semur, tandis qu'on s'embourbait à chaque pas dans les rues de Tonnerre (*).

(*) Un habitant auquel j'ai lu ce passage, en conteste l'exactitude, soutenant que sa ville n'est pas plus boueuse qu'une autre.

A tous les cœurs bien nés que la patrie est chère !

5

Cette ville, siége d'une sous-préfecture et d'un tribunal civil, renferme un collége, une petite salle de comédie et 4000 habitans.

Nous avons fait connaître tout ce qu'elle a de remarquable dans l'intérieur. Extérieurement elle offre à la curiosité des voyageurs, 1°. la belle promenade du Pâtis, espèce de prairie plantée de grands arbres, et située au bord de la rivière; 2°. l'ermitage de Saint-Loup, où ce saint a tenu des conférences avec Saint-Mircomer et Saint-Germain, avant d'aller prêcher la foi en Irlande; 3°. l'abbaye de Saint-Michel, où l'on remarque au-dessus d'une porte, avec autant d'intérêt que d'étonnement, un portrait de la reine Marie-Antoinette, portrait qui a survécu à la révolution. Dans le jardin est une jolie fontaine, dont l'eau traverse la maison. Tonnerre avait jadis un château qui appartenait à la maison de Bourgogne; on n'en voit plus que quelques débris, dans une vigne voisine.

Si cette ville dédaigne l'eau de sa belle fontaine, elle ne dédaigne pas de même les bons vins que produit son territoire; et plus fière de son vin que de son eau, elle soigne autant l'un qu'elle néglige l'autre.

La culture des vignes et la manipulation des vins y sont également perfectionnées. La préférence des habitans pour cette liqueur est moins l'effet de leur goût particulier que du grand profit qu'ils en retirent. C'est la principale branche de leur commerce, la richesse du pays, l'objet de toutes les spéculations. — *Parcouru depuis Paris*. . . . . 48 lieues.

§ 17. *De Tonnerre à Ancy-le-Franc*. 4

Contrée calcaire, route légèrement montueuse. Au bout d'une lieue, on laisse à gauche celle de Châtillon, par Tanlai, joli village situé sur la rive droite de l'Armançon et embelli d'un magnifique château, dont le parc et les jardins ont été dessinés par le fameux le Nôtre. On y remarque surtout de fort belles eaux. Construit au seizième siècle par François Coligny d'Andelot, qui s'y ligua avec le prince de Condé contre Catherine de Médicis, il appartient aujourd'hui à la famille Thévenin de Tanlay. Aux deux tiers de la distance, on traverse le village de Lezine et la rivière d'Armançon. Plus loin, on laisse à gauche, sur la pente d'un coteau qui domine cette rivière, le village d'Argentenai. Du même côté, on cotoie à gauche, après Lezine, des bois considérables qui sont peuplés de loups.

Nous en vîmes sortir un qui traversa la route, à une portée de fusil devant notre voiture; il allait au petit pas : la voix du postillon qui cria *au loup*, et le bruit de la voiture lui firent hâter de quelque chose sa marche; il avançait en se retournant de temps à autre. Au bout de quelques pas il s'arrête, se tourne tout-à-fait vers nous, et se couche sur le ventre, à une demi-portée de balle tout au plus de distance. Cette effronterie nous parut une bravade : j'avais un fusil dans ma voiture; mais il fallait le charger. Il n'était pas croyable qu'il m'en donnât le temps : n'importe, je fis arrêter. Cette halte inattendue d'une énorme machine roulante, dont le mouvement ne l'avait point effrayé, parce que sans doute ce n'était pas la première qu'il voyait, sembla lui faire faire des réflexions sérieuses. Pendant que je me mettais en devoir de charger mon fusil, il se releva et poursuivit sa marche, toujours avec lenteur et en se retournant fréquemment; nous poursuivîmes la nôtre, ce qui le fit arrêter de nouveau, et bientôt après retourner sur ses pas. Il nous parut d'abord venir droit à nous; mais il se dirigea par derrière vers le point où il avait traversé la route : il la traversa de nouveau et regagna le bois d'où nous l'avions vu

II⁰. ROUTE DE PARIS A DIJON.

sortir. Le postillon me dit que plusieurs de ses camarades en avaient rencontré dans leurs courses; mais que c'était la première fois que cela lui arrivait à lui-même.

Les bois qu'on voit à gauche s'étendent à de grandes distances dans tous les sens, surtout du côté de Châtillon.

Ancy-le-Franc est un assez joli bourg de 1300 habitans, où l'on voit un magnifique château, bâti sur quatre ailes, en belle pierre de Tonnerre, autour d'une vaste cour carrée, à l'instar du Louvre, ou plutôt du palais Farnèse de Rome, pour rapprocher des édifices plus susceptibles de comparaisons. Les quatre façades sont pareilles et terminées à chaque angle par autant de tours ou de pavillons carrés. Ce beau château est accompagné d'un parc de 100 arpens. Construit au seizième siècle par Antoine de Clermont-Tonnerre, il appartient aujourd'hui à l'illustre famille de Louvois, qui l'a acquis des descendans de son fondateur, dans le siècle dernier.

Ancy-le-Franc possède des faïenceries et un bureau de poste. — *Parcouru depuis Paris*...

lieues.
52.

§ 18. *D'Ancy-le-Franc à Aizy* . . . . 3½ lieues.

Au départ, trajet du canal et de l'Armançon qu'on continue à cotoyer sur la gauche. Au bout d'une lieue, village de Fulvy et château de M. Jacquinot, avocat. Une lieue plus loin, village et beau château de Nuis. Ce dernier château, appartenant à madame de la Guiche, est divisé en deux pavillons modernes qui, entièrement détachés l'un de l'autre dominent la route et la contrée d'une manière fort imposante. Au-delà du canal et de l'Armançon, en face de Nuis, est le bourg de Ravière, peuplé de 1000 à 1200 habitans, et qualifié de ville par les géographes. Plus loin, du même côté, à un quart de lieue et presque en face d'Aizy, village peu considérable, important seulement par ses forges, propriété de madame de la Guiche, on voit celui de Rougemont, remarquable par sa vieille église gothique, qui ne l'est guère elle-même que par son portail. On prétend que c'était anciennement une ville. Des antiquités qu'on y a trouvées, dit-on, jointes à une chaussée romaine qui traverse ce village, et à quelques ruines qu'offrent les environs, notamment celle d'un fort ou château qu'on croit d'origine romaine, semblent venir à l'appui de cette opinion locale, sur laquelle j'avoue n'avoir aucune donnée plus authentique que l'opinion du géographe Denis, dans son *Conducteur Français*. La tour ruinée de Rougemont, qu'on voit à gauche après Aizy, et qui n'est autre chose que le reste du fort dont on vient de parler, a véritablement de loin une physionomie antique ; mais j'ignore si la maçonnerie conserve ce caractère de près, ne l'ayant observée qu'en passant sur la route, sans avoir alors connaissance de cette tradition, ni de la mention qu'en fait M. Denis. Je livre ces deux données aux recherches des voyageurs, que j'engage à vérifier les faits par leurs propres yeux, comme je ne manquerais pas de le faire moi-même, si je repassais sur cette route. — *Parcouru depuis Paris*.. . . . . lieues. 55½

§ 19. *D'Aizy à Montbard*. 3

Même vallée, toujours bordée de collines d'une faible élévation. On franchit au départ, avec la limite de l'Yonne et de la Côte-d'Or, l'Armançon et le canal, pour continuer à suivre l'un et l'autre, pendant une demi-lieue jusqu'à Buffon, où on laisse à gauche le village, à droite les deux belles forges de ce nom, nom célèbre qui rappelle aux voyageurs celui du Pline français. Nous entrons dans les terres et nous approchons de la patrie de l'immortel écrivain, qui fut le propriétaire et le créateur de ces forges. Elles appartiennent aujourd'hui à l'intéressante veuve de son fils, immolé en 1793, à l'âge de trente ans, sur l'échafaud révolutionnaire de Paris. Il y monta avec fermeté, en prononçant ces dernières paroles : « Citoyens, je me nomme Buffon ».

L'Armançon, que nous venons de franchir une dernière fois à Aizy, nous abandonne entièrement après Buffon, où il se réunit avec la Brenne, et on continue à cotoyer le canal le long de cette dernière.

Pour peu qu'on ait quelque idée d'hydrographie, on ne peut considérer la carte sans s'étonner, de voir le canal de Bourgogne quitter la vallée de l'Armançon pour celle de la Brenne, lorsqu'en suivant des yeux sa direction, on le voit bientôt s'éloigner à travers les montagnes, des bords de la Brenne, pour regagner ensuite ceux de l'Armançon. Pourquoi, se dit-on, ne les suit-il pas toujours, puisqu'il doit y revenir, d'autant que cette rivière est la plus abondante des deux ? Les aspérités qu'elle rencontre dans une partie de son cours, notamment à Semur, où nous la verrons resserrée entre deux massifs de granit coupés à pic, sont apparemment la cause de cette direction détournée.

Le voyageur attentif à tout voir et tout observer aura bien une autre question à se faire. Pourquoi ce canal, presque terminé depuis long-temps, ne l'est-il pas encore entièrement? Les dépenses déjà faites pour cette entreprise sont en pure perte, si on ne la mène à fin. Ce n'est pas à nous de calculer si celles qui restent encore à faire sont ou ne sont pas en proportion avec les avantages qui en doivent découler; mais il nous est impossible de ne pas signaler au gouvernement toutes les entreprises qui nous semblent utiles, en même temps que tous les projets fastueux qui nous paraissent devoir être abandonnés.

Encore un dernier trajet de ce canal et de la rivière, à Saint-Remy, village qu'on longe à gauche, une lieue avant Montbard.

Cette ville est située en amphithéâtre d'une manière pittoresque, sur le penchant d'une colline qui s'incline vers la route de Dijon. Les jardins de Buffon, disposés de même en amphithéâtre, et distribués en allées magnifiques, qui se composent, en grande partie, d'arbres étrangers, et s'élèvent en terrasses, les unes sur les autres, en embrassant et couronnant le sommet de la colline, couronnent aussi et achèvent le tableau : une vieille tour isolée sert elle-même de couronnement à tout cet ensemble. Elle s'élève à une extrémité de la plate-forme, qui est à la fois et le sommet de la colline et la partie supérieure des jardins. Elle a été respectée dans la destruction générale de tout ce qui l'entourait, comme un souvenir intéressant du château-fort qui, dans les siècles de la féodalité, commandait, défendait ou menaçait peut-être cette contrée, protégée dans des temps plus voisins de nous, par le modeste château qui a pris la place de cette forteresse. Buffon, dont cette ville fut le berceau et le séjour de prédilection, la vivifiait et y répandait le bonheur, en même temps qu'il l'embellissait par ses travaux et ses plantations.

En parcourant les charmans jardins de Montbard, je me suis rappelé ce vers de l'abbé Delille :

Des jardins de Montbard, Buffon voyait le monde.

Il n'en voyait qu'une bien faible partie, d'après l'horizon peu étendu qu'on découvre du haut de ces jardins, dominés à plus ou moins de distance, dans les diverses directions, par les collines ou les plateaux des contrées environnantes. Mais il s'était entouré dans ses jardins d'une nature de choix, afin de la peindre d'après de beaux modèles; et l'on peut dire qu'il l'a prise sur le fait.

On montre sur la plate-forme le pavillon où il s'enfermait pour nous en tracer l'histoire avec ce style brillant et noble qui ajoute à la majesté de son sujet; c'était son cabinet de travail.

C'est là qu'il a composé presque tous ses ouvrages. Jean-Jacques Rousseau, avant d'y entrer, se mit à genoux et baisa le seuil de la porte : c'était le génie qui se prosternait devant le génie.

Cette ville est aussi la patrie de son collaboborateur et successeur d'Aubenton, dont la fille est aujourd'hui la veuve de M. de Buffon fils.

Le château de Montbard au lieu de dominer les jardins qui l'accompagnent, en est dominé lui-même, étant situé au pied des terrasses, de manière à en être masqué et comme écrasé. C'est un beau bâtiment construit avec une noble simplicité, sans cette magnificence imposante, ou cette élégance recherchée qui caractérisent nos châteaux modernes. Placé dans une des principales rues de Montbard, dont il forme la principale façade, c'est moins un château qu'une belle maison, ou tout au plus un de nos hôtels ordinaires de la Chaussée-d'Antin. On y conserve les restes du cabinet d'histoire naturelle de Buffon.

Montbard est une petite ville de 2000 habitans. On y remarque, outre le château et les jardins de Buffon, les jardins et le château de M. d'Aubenton. Elle a des rues propres, mais escarpées et irrégulières, un bureau de poste et quelques fabriques de lainages et de lacets. lieues
— *Parcouru depuis Paris.* 58

§ 20. *De Montbard à Villeneuve-les-Couverts.* 5
§ 21. *De Villeneuve à Chanceaux.* 3
§ 22. *De Chanceaux à Saint-Seine.* 3
§ 23. *De Saint-Seine au Val de Suzon.* . . . 2
§ 24. *Du Val à Dijon.* 4

La route, au sortir de Montbard, continue à cotoyer la Brenne et le canal jusqu'au hameau de Marmagne: elle s'en éloigne peu jusqu'à celui du Fain, où on laisse à droite le chemin de Sainte-Reine et de Flavigny, pour gagner à gauche les arides montagnes qui bordent la vallée, vers le nord. Après ces deux hameaux, on trouve encore les deux villages du Frêne et de Lucenai; le premier vers le tiers, le second vers les deux tiers de la distance, avant d'arriver à celui de Villeneuve-les-Couverts.

C'est à 2 l. S. O. de ce relais qu'est le bourg de Sainte-Reine, fameux à la fois, et par les pélerinages dont sa patrone est l'objet, et par les eaux minérales qui secondent efficacement les cures miraculeuses de cette sainte, et par les ruines, ou plutôt le souvenir de la ville gauloise d'*Alesia* dont il a pris la place.

C'est dans ce lieu que fut martyrisée Sainte-Reine, vers l'an 253; et c'est ce martyre qu'on célèbre tous les ans, le 7 du mois de septembre, dans une procession solennelle où une jeune fille représente la sainte allant au supplice; un homme a le pieux courage de représenter l'exécuteur dans ce drame religieux.

La fontaine minérale attire beaucoup de malades dans la saison. Ses eaux paraissent contenir quelques sels purgatifs. On leur attribue des effets merveilleux pour la guérison des maladies cutanées. Le vulgaire attribue ces effets à la sainte. On y a construit un hôpital.

Pendant que le tombeau de Sainte-Reine

attire les fidèles, et la fontaine minérale les malades, l'emplacement de l'antique *Alésia* attire les curieux et les amateurs des souvenirs historiques. On n'a point lu les commentaires de César, sans se rappeler ce siége mémorable et cette bataille décisive qui furent, et le dernier effort et le tombeau de la liberté des Gaulois, commandés par le brave Vercingetorix.

Qu'il nous suffise, pour élever notre âme, suivant les expressions de M. Millin, de contempler avec lui, « et ce sommet où le dernier fenseur de la liberté des Gaulois fut forcé de se rendre, et la pente de cette montagne où César fit creuser ses lignes inexpugnables, et les hauteurs environnantes sur lesquelles les Gaulois confédérés vinrent camper; et ce mont que Vergasilaunus tourna à la pointe du jour, en faisant un long circuit pour surprendre un ennemi qui était toujours sur ses gardes ; et cette gorge où il eut l'imprudence de s'engager; et celle par laquelle César, ayant fait lui-même un détour, vint tomber sur ses derrières, ce qui décida la victoire ».

Alésia était alors une des principales villes des Gaules. Selon Diodore, Hercule, en revenant de l'Ibérie, en avait posé les fondemens, et elle fut appelée *Alesia*, du mot grec Ἄλη, *erreur*,

IIᵉ. ROUTE DE PARIS A DIJON.

et non *terreur*, comme le dit M. Millin (*).

Cette ancienne cité, l'une des plus importantes des Gaules, occupait jadis le sommet du mont Auxois, au pied duquel est situé le bourg de Sainte-Reine. On y a trouvé beaucoup de médailles, de pièces d'or, d'ustensiles antiques, etc. La petite ville de Flavigny est située à une demi-lieue plus loin. Elle a un bureau de poste, 1300 habitans et rien de remarquable.

En regagnant le relais d'où nous sommes partis, nous pouvons voir, au moyen d'une courte excursion, le château de Bussy, où Roger comte de Rabutin a passé les dix-sept années de son exil, depuis 1665 jusqu'à 1682. On remarque le site singulier de ce château et les peintures non moins singulières dont il est décoré. Le bourg de Bussy, peuplé de 1000 habitans, n'a, d'ailleurs, rien d'intéressant par lui-même.

(*) Le mot *terreur* n'offrirait qu'une étymologie insignifiante. Il n'en est pas ainsi de celui d'*erreur*, pris dans le sens que lui donnent les anciens, de *long voyage, voyage où l'on a long-temps erré*. C'est dans ce sens qu'ils ont dit : les *erreurs* d'Ulysse, les *erreurs* d'Énée. C'est aussi dans le même sens que Diodore a fait donner ce nom, par Hercule, à une ville bâtie dans le cours de ses longs voyages.

De Villeneuve à Chanceaux, on est toujours dans les mêmes montagnes, sans traverser aucun village et sans rencontrer aucun objet digne de remarque. (*Voyez pour Chanceaux et le reste de la route la* 1re. *de Paris à Dijon*). — *Parcouru depuis Paris jusqu'à Dijon, par Tonnerre.*

lieues. 76

Fin de la deuxième route de Paris a Dijon.

TROISIÈME ROUTE
DE PARIS A DIJON,
Par Auxerre, Rouvrai et Vitteaux.

77 lieues et demie.

De Paris jusqu'à Rouvrai (v. 1re. r^{te}. de Paris à Lyon.) lieues.
 19 *Paragraphes*. 58

§ 20. *De Rouvrai à la Maison-Neuve*. . . .   4

O<small>N</small> suit pendant un quart d'heure, dans un pays toujours sablonneux, montagneux et granitique, la route de Lyon jusqu'à l'embranchement, où on la laisse à droite. Celle qu'on prend à gauche, parcourt la même nature de contrée, qui ne produit guère que du seigle et du genêt. Le sol paraît s'améliorer, vers le quart ou le tiers de la distance, après qu'on a descendu la montagne de Clermont.

La Maison-Neuve est un joli village dont les habitations proprement bâties et rangées en haie sur les deux bords de la route, font un effet assez agréable.

Mais un effet plus agréable encore est celui que produit à peu de distance en face, sur une colline pittoresque, le vieux château de Thil, construit, dit-on, au neuvième siècle, et long-temps possédé par les ducs de Bourgogne. Quelques arbres plantés sur cette éminence, où ils paraissent braver depuis long-temps l'effort des aquilons, ajoutent à ce tableau de perspective, qui aura été sans doute dessiné par plus d'un voyageur. Au pied du mont, du côté de la Maison-Neuve, à un quart de lieue de l'un et de l'autre, est le bourg de *Précy-sous-Thil* chef-lieu de canton. Le bureau de poste a été fixé à la Maison-Neuve, à cause de l'embranchement de la route que nous suivons avec celle de Semur à Saulieu. — *Parcouru depuis Paris....* lieue. 62

§ 21. *De la Maison-Neuve à Vitteaux.* ... 4

Vers le tiers de la distance, on traverse l'Armançon; vers le milieu, la route de Semur à Beaune; et vers les deux tiers, le canal de Bourgogne. La terre, devenue plus fertile, produit de 6 à 7 pour 1. Vitteaux est une petite et assez jolie ville, située sur la Brenne et peuplée de 1800 habitans. Elle possède un hôpital et un bureau de poste. On ne voit plus que les ruines de son ancien château, rasé en 1631, par les ordres de Louis XIII. Il avait appartenu à des seigneurs de la maison de Bourgogne. Au seizième siècle,

IIIᵉ. ROUTE DE PARIS A DIJON.

cette seigneurie passa à la maison d'Aligre et ensuite aux descendans du chancelier Duprat. Le commerce de cette petite ville consiste dans les productions du pays, le chanvre, la laine et le blé. On y récolte aussi des fourrages et même du vin. Les voyageurs y trouvent une assez bonne auberge et une assez jolie promenade de platanes, qu'ils longent en partant. Les amateurs d'histoire naturelle observeront dans son territoire des pierres herborisées, des astroïtes, du corail pétrifié et autres substances marines. — *Parcouru depuis Paris*. . . . . 66 lieues.

§ 22. *De Vitteaux à la Chaleur*. . . . . . . 3 ½
§ 23. *De la Chaleur à Pont-de-Pany*. . . . 3
§ 24. *De Pont-de-Pany à Dijon*. 5

On gravit au départ, pendant plus d'une demi-heure, la montagne de Vitteaux. Le chemin est creusé entre deux tertres taillés dans un rocher calcaire, qui est une espèce de marbre d'une teinte rougeâtre. Au sommet est un télégraphe placé sur la gauche de la route. Vers les deux tiers de la première distance, on trouve le village de Marcelois, et vers le tiers de la seconde le bourg de Sombernon qui, peuplé d'environ 5 à 600 habitans, possède un bureau de poste.

6 *

Il offre une belle vue sur des bassins montagneux et des croupes boisées. On y laisse à droite le chemin de Dijon à Autun par Arnay. Pont-de-Pany est un hameau comme la *Chaleur*, mais bien plus intéressant par sa position sur le bord de la rivière d'Ouche et du canal, qu'on ne cesse plus de cotoyer jusqu'à Dijon. On y trouve une assez bonne auberge.

Le village de Lacude qu'on traverse deux lieues après, et où était jadis un relais, est encore mieux situé, au pied d'un coteau calcaire garni de vignes, de jardins et de maisons agréables, parmi lesquelles figure un élégant château moderne. De belles eaux et une belle vue sont deux agrémens majeurs que ce village doit à la nature de sa position, indépendamment de l'avantage du canal et de la rivière qui longent le pied de la colline et bordent la route. Plombières, qu'on trouve après avoir passé pour la seconde fois la rivière et le canal, n'est pas moins agréable. Le coteau règne toujours à droite en amphithéâtre jusqu'à ce village, embelli par les jardins de l'évêché et de l'ancienne chartreuse de Dijon, dont les bâtimens ont été en partie détruits par les spéculations de l'acquéreur. Le coteau qu'on longe, le vallon qu'on suit, sont parsemés d'habitations qui animent le tableau riant et pittoresque dont on jouit depuis Pont-de-Pany. Les vignobles de ce coteau, les prairies fraîches de ce vallon, les eaux limpides de la rivière qui les arrose, et le bassin du canal qu'elle alimente, tout contribue à l'agrément du voyageur, et il trouve trop court l'intervalle qui sépare ce village de la ville de Dijon. (*Pour la description de cette ville, v. la* 1re. *route de Paris à Dijon.*)

Parcouru depuis Paris jusqu'à Dijon, par Rouvray.................... lieues. $77\frac{1}{2}$

Fin de la troisième route de Paris a Dijon.

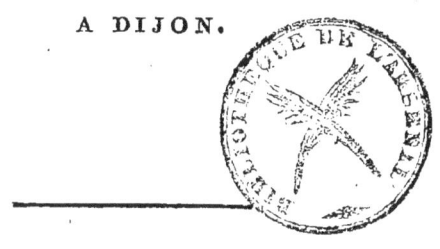

PREMIÈRE ROUTE
DE PARIS A GENÈVE,
Par Dijon, Dôle et Poligny.

125 lieues.

Depuis Paris jusqu'à Dijon (v. 1re. route de Paris à Dijon).

	lieues.
23 *Paragraphes*.	75½
(2e. *Route par Tonnerre, 76 lieues.*)	
(3e. *Route par Rouvray*. . 77½)	
§ 24. *De Dijon à Genlis*.	4

Riche plaine cultivée en vignes et en blé dans la banlieue de Dijon, en blé seulement dans le reste de la distance. Elle produit 7 à 8 pour 1. La route, garnie d'une excellente qualité de gravier, est parfaitement roulante dans tous les temps.

Genlis est un charmant village situé sur la Thille, et peuplé de 7 à 800 habitans. Il y a un bureau de poste et une assez bonne auberge.
— *Parcouru depuis Paris*. 79½

§ 25. *De Genlis à Auxonne*. 3

Même genre de route et de contrée dans la première lieue : trajet de la forêt d'Auxonne dans la lieue suivante, et des riches prairies qui tapissent la vallée de la Saône dans la troisième. On traverse sur une belle levée d'une demi-lieue, cette vallée; et sur un mauvais pont de bois, cette rivière qui baigne les remparts d'Auxonne.

Auxonne. On entre dans cette ville en quittant le pont. Elle est peuplée de 5000 habitans, et assez bien percée : les beaux remparts qui l'entourent, construits par Vauban, servent aujourd'hui de promenade publique. On y voit un arsenal de construction, avec tous les établissemens accessoires; trois beaux corps de caserne, une belle place d'armes, un très-beau magasin de vivres, et deux magasins à poudre, mais point de fonderie de canon, comme le dit l'Itinéraire de M. Langlois. Il y a une école d'artillerie qui a compté parmi ses élèves le trop fameux Napoléon. Cette ville a obtenu un tribunal de commerce, quoique son commerce soit peu considérable. Il consiste en grains, vins et bois. Elle a la gloire d'avoir résisté avec succès aux Impériaux, commandés par le comte de Lannoy, qui était venu en prendre possession au nom de Charles-Quint, en vertu du traité de Madrid. La ville lui ferma ses portes. Il fut obligé d'en faire le siége et de le lever.

Parcouru depuis Paris. . . . . lieues. 83

§ 26. *D'Auxonne à Dôle*. 4

La route va toujours en montant : elle franchit, vers le milieu de la distance, d'abord la limite des deux départemens, de la Côte-d'Or que nous quittons, et du Jura où nous entrons, ensuite la montagne de Mont-Roland, qu'on gravit après le village de Sampant, connu par ses carrières de marbre commun. Sans être très-haute, cette montagne offre une vue très-étendue. Son sommet est encore couronné par un ancien couvent auquel elle avait donné son nom.

Dôle. Dôle est une assez grande ville qui n'est ni bien percée, ni bien bâtie. On y voit cependant quelques rues passables ; mais elles n'offrent aucun bâtiment à remarquer, si l'on en excepte deux beaux hôpitaux sur l'avenue de Genève, dont l'un, l'hôpital militaire, a été fondé par Louis XVI. L'église principale est un édifice gothique des plus ordinaires. Enfin, rien n'a fixé mon attention dans cette ville, si ce n'est une fontaine publique, dont l'ornement est un enfant qui m'a paru frappant de grâce et de vérité. C'est un des ouvrages d'Attiret, excellent sculpteur, né à Dôle et mort à l'hôpital.

Une charmante promenade règne en terrasse sur la rive droite du Doubs; une autre, nommée *le Pasquier*, est située dans le vallon même. Cette ville est la plus considérable de la Franche-Comté, après Besançon. Elle a une sous-préfecture, un tribunal de première instance, un collége, une ou deux bonnes auberges, des bains publics et 9000 habitans.

C'était autrefois une place de guerre; mais Louis XIV en fit démanteler les fortifications. Plus anciennement, elle fut la capitale de la Franche-Comté, ou du comté de Bourgogne, pendant que Besançon, ville impériale, se gouvernait en république. Les comtes de Bourgogne en firent même pendant long-temps leur séjour; ils y établirent un parlement, une chambre des comptes, une cour des monnaies, et une université (*).

On la surnommait alors *Dôle-la-Joyeuse;* mais après qu'elle eut été prise et presque ruinée par les Français, en 1479, on la baptisa *Dôle-la-Dolente.*

(*) Le parlement et l'université furent transférés à Besançon. La chambre des comptes a subsisté jusqu'à la révolution française.

J'ai cherché en vain dans cette ville et ses environs, les antiquités qu'y placent divers géographes. Au lieu des restes d'un ancien aqueduc, qui n'existe plus, j'y ai vu avec intérêt les travaux du canal moderne destiné à joindre le Rhin à la Saône. — *Parcouru depuis Paris.* . . . .

lieues.
87

§ 27. *De Dôle à Mont-sous-Vaudrai.* 5

On traverse, dans le faubourg de Dôle, sur deux ponts, le premier en pierre, le second en bois, la rivière et le canal du Doubs, et deux lieues plus loin, immédiatement après le village de Villette, sur un beau pont en pierre, la rivière de Louve, peu au-dessus de son confluent avec le Doubs.

La plaine, jusqu'à ce pont, est agréablement diversifiée d'arbres et de prairies. Aussi fertile que riante, elle rend 8 pour 1 en froment, sans engrais. Au haut de la rampe, qui se présente immédiatement après le pont, nous laissons en face la route de Lons-le-Saulnier, qui se dirige vers le sud, pour prendre au sud-est celle de Poligny, en longeant, à droite, une colline boisée, et traversant les deux villages de Névy et de Souvans. La première conduit aussi à Genève les voyageurs qui ont à faire, soit à Lons-le-Saulnier, soit à Saint-Claude, ou qui, ayant déjà parcouru l'autre route, sont bien aise de les connaître toutes deux. Cette dernière n'a point de relais après Lons-le-Saulnier.

Mont-sous-Vaudrai est un assez joli village, peuplé de 1000 habitans et situé à une lieue de la Louve, qui n'arrose pas ici un sol aussi fécond que dans l'endroit où nous l'avons traversée. La plaine de Mons-sous-Vaudrai ne rend que 4 à 5 pour 1. Ce qui fait l'agrément de ce village, est la disposition de ses maisons, presque toutes écartées les unes des autres, proprement bâties, et entourées de leurs petits enclos, comme des maisons de campagne. On y trouve une assez bonne auberge au relais. — *Parcouru depuis Paris*. 92

§ 28. *De Mont-sous-Vaudrai à Poligny*. . . 4

La route se partage en trois embranchemens, dont deux vont à Salins, l'un directement par Mouchard, l'autre moins directement par Arbois. Le troisième, qui est celui que nous prenons, tourne à droite dans le milieu du village pour se diriger au S.-S.-E. Nous traversons d'abord un pays inégal et boisé, ensuite quelques champs et beaucoup de vignobles.

Iʳᵉ. ROUTE DE PARIS A GENÈVE.

Vers le milieu de la distance, on découvre tout à coup, à l'extrémité de la plaine, la ville de Poligny, adossée contre une montagne qui fait partie de la chaîne du Jura. Près du village de Tourmont, où l'on passe peu avant d'arriver, on voyait naguère, au milieu des ruines d'un édifice considérable, une mosaïque représentant une brebis dévorée par un lion. Le propriétaire du local l'a de nouveau enfouie dans la terre. On a fait d'autres découvertes moins intéressantes dans le même village, dont le territoire renferme en outre des sources salées.

ligny. Poligny est une ville de 5 à 6000 habitans : on la traverse par une belle rue, et l'on y remarque quelques jolies fontaines. Siége d'une des sous-préfectures du Jura, elle ne l'est point du tribunal de l'arrondissement qui a été fixé à Arbois, afin de répartir les avantages entre ces deux villes. Celle de Poligny n'a d'autre commerce, ni d'autre richesse que ses vins rouges, qui sont assez renommés comme vins d'ordinaire ; c'est le produit des coteaux qui occupent à peu près la moitié de son territoire : la vaste plaine qui en occupe l'autre moitié est très-fertile en grains. La plupart des champs sont en plein rapport toutes les années, et leur produit est de 9 ou 10 pour 1. Les voyageurs ont à choisir à Poligny entre deux ou trois bonnes auberges. Cette ville possède un petit collége et une petite faïencerie. Quoiqu'on y respire un air pur, j'y ai remarqué beaucoup de goîtres.

Outre les antiquités découvertes au village de Tourmont, que nous avons traversé, on trouve fréquemment des monnaies gauloises dans les environs de Poligny, qui conservent encore, à quelque distance de la ville, un reste assez considérable de voie romaine, connu sous le nom de *Chemin-pavé*. Il se dirige vers une masse de roc grossièrement taillée en statue colossale, monument informe sur lequel on n'a pu me donner que des conjectures plus ou moins hasardées. Dans le territoire de Méry, à une demi-lieue de Poligny, est une carrière de marbre noir. Elle a fourni les quatre colonnes qu'on voit encore dans l'église des Dominicains de cette ville, et une partie des marbres employés aux mausolées des ducs de Bourgogne dans la chartreuse de Dijon. —

Parcouru depuis Paris. . . . . lieues 96

Iʳᵉ. ROUTE DE PARIS A GENÈVE.

	lieues.
§ 29. *De Poligny à Champagnole*........	5

On gravit, dès le départ, une longue côte qui conduit sur les premières hauteurs du Jura : la montagne a été escarpée à une hauteur considérable. Les débris de cet escarpement ont roulé dans le vallon qu'on domine à droite, et s'y sont accumulés. Ils se grossissent encore des nouveaux éboulemens qui se font tous les jours, ce qui donne à cette gorge un aspect ruineux. Des couches calcaires en décomposition forment le noyau de cette montagne. Une argile très-compacte en forme les couches inférieures. Arrivé sur le plateau, on reconnaît partout la même nature calcaire, qui est celle de la masse entière du Jura : on franchit quelques croupes, et l'on trouve, 2 lieues avant le village de Champagnole, celui de Mont-Rond, dominé par les ruines d'un château dont le site aéré est aussi frais que pittoresque. Un demi-quart de lieue avant Mont-Rond, on laisse à gauche la route d'Arbois, et une lieue avant Champagnole, celle de Salins. Entre ces deux villages, on voit les taillis qui jusque-là forment le tapis le plus ordinaire de cette première partie de la chaîne, faire place à la zone de sapins qui couvre les dernières et principales sommités.

Le bourg de Champagnole situé sur l'Ain, à trois lieues de sa source, est peuplé de 1800 à 2000 habitans. Il ne prétend pas au titre de ville que lui donne le Dictionnaire géographique de Boiste ; mais il s'élèvera peut-être à ce rang un jour par l'accroissement successif que lui procure sa position avantageuse sur cinq grandes routes. C'est un lieu très-commerçant. Il y a un marché considérable tous les samedis et huit foires par an, dont les deux principales sont celles du 22 mars et du 23 juin.

M. Olivier y a établi une forge qu'on laisse à droite en arrivant, et M. Muller une superbe filerie de fer, qu'on pourrait appeler une filature, depuis qu'en remplaçant les tenailles par les bobines, il a soumis le fer aux mêmes procédés que le coton ou la laine dans nos filatures à mécanique. Cette filerie, l'une des plus belles de la France, emploie deux cents ouvriers, tant au tirage qu'à la fabrication des clous-épingles.

L'incendie qui détruisit Champagnole, le 6 floréal an VI, consuma aussi cet établissement. L'un et l'autre, rebâtis depuis sur un plan plus régulier, présentent un aspect aussi vivant qu'agréable ; mais le bourg offre encore le

Ire. ROUTE DE PARIS A GENÈVE.

même inconvénient qui a causé son désastre, je veux dire les toits en bardeaux de sapin, nommés dans le pays *tavaillon*, genre de couverture qui a occasionné souvent des accidens semblables, notamment l'incendie de la ville de Saint-Claude; c'est pourtant la seule dont on fasse usage dans le pays, qui fournirait abondamment, comme toutes les contrées à roches calcaires, des dalles ou pierres plates pour couvrir les maisons de la classe peu fortunée, et de la terre à brique pour la classe aisée; mais ces deux ressources, quoique peu dispendieuses, le sont encore plus que celle des tavaillons, qui, par ce motif, et sans aucun égard pour les dangers des incendies, est généralement préférée pour toutes les toitures. Celles des clochers sont ordinairement en fer-blanc. Ils se font remarquer dans ces montagnes par une forme gracieuse et une blancheur éclatante, tel que celui de Champagnole, qui produit de loin un fort bon effet à la vue.

Ce bourg possède un bureau de poste et une jolie auberge au relais, dont la façade nord offre un charmant coup d'œil, sur le petit bassin occupé par les jardins anglais du directeur de la fabrique, et sur la fabrique même, et sur le coteau escarpé qui se développe autour, en fer à cheval, et sur la haie de maisons, également demi-circulaire, qui le couronne.

Ce très-petit coteau sur lequel les maisons paraissent comme suspendues, et ce très-petit bassin, animé par les bruyantes eaux de l'Ain, dont un magnifique canal se détache pour donner le mouvement à l'usine, pendant qu'un autre court de cascade en cascade à travers les jardins, verser le trop plein dans le lit principal, forment un horizon des plus circonscrits, mais des plus pittoresques ; aussi m'a-t-on assuré qu'il avait été souvent esquissé par des voyageurs, qui n'ont pas manqué sans doute d'indiquer derrière Champagnole, le haut et sauvage plateau du Mont-Rivel, où l'on voit encore quelques débris du vieux château de ce nom.

Les deux grandes routes qui aboutissent à ce bourg, après les trois lignes de poste, sont celles de Pontarlier et de Lyon, dont l'une est la contination de l'autre. — *Parcouru depuis Paris* . . . . lieue 101

Ire. ROUTE DE PARIS A GENÈVE.

lieues.
- § 30. *De Champagnole à la Maison-Neuve*.. 3
- § 31. *De la Maison-Neuve à Saint-Laurent*.. 3
- § 32. *De Saint-Laurent à Morez*........ 3

Champs, prés et pâturages, montagnes et rochers, bois-taillis et bois de sapin dans la première distance, dont la fin offre un torrent à traverser, sur un pont de pierre extrêmement pittoresque, et une côte, taillée dans le roc, à gravir immédiatement après, au milieu d'une forêt de sapins de l'aspect le plus sombre et le plus sauvage : pays peu montueux et assez monotone, mais assez cultivé dans la seconde distance. Dans la troisième, reparaissent les montagnes et les forêts de sapins. Le climat devient de plus en plus rebelle à la culture.

La Maison-Neuve est un petit hameau de cinq à six maisons, et Saint-Laurent un grand village, dont les habitans, ainsi que ceux des environs, font le métier de rouliers. Ils se répandent sur presque toutes les routes de la France, où on les reconnaît à leurs petits chariots portés sur quatre roues légères, attelés d'un seul cheval, et marchant à la file, de manière qu'un seul homme suffit pour en conduire cinq ou six. Ces rouliers voyagent ainsi pendant neuf mois de l'année, et reviennent passer le printemps chez eux pour leurs semailles, qui ne se font qu'en cette saison.

Telle est l'industrie dominante dans cette partie du Jura, qui offre encore à ses habitans une seconde et puissante ressource dans la fabrication des fromages, façon de Gruyère, connus sous le nom de Gruyère de Comté; une troisième dans la vente des bois, ordinairement sciés en planches ou travaillés en meubles grossiers, tels que chaises, caissons, etc.; enfin une quatrième dans les nombreuses usines qu'on y a établies.

Le bourg de Morez peut aussi être regardé comme une des sources de la prospérité de ces montagnes, par son industrieuse activité, que semble annoncer de loin l'élégance de ses habitations. Ce joli bourg, situé dans un affreux vallon, où l'on arrive par des pentes et des tournans rapides, est peuplé de 1400 habitans, livrés à tous les genres d'industrie commerciale, tels que commission, grosse horlogerie, cadrans de pendules et de montres, tournebroches, montures de lunettes, pierrerie, clouterie, filerie et martinets. Il y a aussi des tanneries où, faute d'écorce de chêne, on emploie celle du sapin. Des resources aussi multipliées font de ce petit endroit une petite place de commerce.

Iʳᵉ. ROUTE DE PARIS À GENÈVE.

Il doit sa prospérité et jusqu'à son existence même au torrent qui a creusé le vallon au fond duquel il est situé. Sans le secours de ses eaux, les habitans n'eussent pu, ni établir leurs ateliers, ni s'établir eux-mêmes dans un pareil site.

On trouve à la poste de Morez une belle et bonne auberge qui semble, par sa tenue et sa propreté, se ressentir du voisinage de la Suisse. Les flancs des montagnes qui enferment ce vallon, je dirais presque cet abîme, sont en grande partie déchirés par les ravins et les éboulemens. — *Parcouru depuis Paris.* . . . . lieues. $110\frac{1}{2}$

§ 33. *De Morez aux Rousses.* 3

La descente qui nous a conduits à Morez est tracée sur le flanc de la montagne ; la rampe par laquelle nous allons en sortir, remonte l'étroite gorge d'où sort le torrent qui vient donner la vie aux divers établissemens de ce bourg. La route y pénètre avec peine. Tout en s'y enfonçant avec elle, le voyageur doute s'il peut aller plus avant, et s'étonne d'avancer toujours. Enfin, après avoir monté pendant deux lieues, on se trouve dans la plaine montagneuse des Rousses, qui n'offre ni ombrage, ni fraîcheur, mais seulement quelques champs arides et un plateau généralement dépouillé.

Le village des Rousses contient 200 habitans, tous livrés, soit à la culture de leurs mauvaises terres, soit aux soins de leurs vacheries et à la fabrication de leurs fromages Le toit de l'église présente la particularité de former le partage des eaux, de telle manière qu'une goutte tombée sur l'arête est divisée en deux moitiés qui se dirigent, l'une vers l'Océan, l'autre vers la Méditerrannée. Le petit lac des Rousses, qui reçoit une partie des eaux de ce village, les verse d'abord dans celui de Charbonniers, ensuite dans celui de Neuchâtel par la rivière d'Orbe, et celui-ci dans le Rhin par l'Aar, tandis qu'un autre côté du même village verse à l'opposite dans la petite rivière de Bienne, qui se rend au Rhône par l'Ain. Ces sortes de positions se retrouvent en différentes parties de nos voyages, mais elles sont toujours intéressantes à observer. — *Parcouru depuis Paris.* . . 113 ½ lieues.

§ 34. *Des Rousses à la Vatay.* . . . . 3 ½

Au bout d'une demi-lieue, on trouve le hameau de la Cure, où est l'embranchement de la route de Lausanne par Saint-Cergues et Nion. C'était aussi la route de Genève, avant l'ouverture de celle de Gex. Le poste de la douane est placé dans ce hameau. Le plateau des Rousses continue, avec quelques légères inégalités, jusqu'à ce que la route s'enfonce dans le défilé où elle doit franchir la principale et dernière chaîne du Jura. On cotoie, pendant trois quarts de lieue, à gauche, la frontière Suisse, qui, par un accord entre les deux gouvernemens, a été un peu éloignée dans cette partie, afin que la route fût tout entière sur les terres de France. C'est cette partie du territoire Helvétique qui est mentionnée dans le dernier traité de Paris, sous le nom de *vallée des Dappes*. Il a été restitué par le même traité à ses anciens possesseurs, mais de nouveaux arrangemens vont l'abandonner définitivement à la France.

On rencontre divers chalets, en s'élevant toujours par une pente douce et presque insensible jusqu'à celui de la Vatay, où l'on a été forcé de placer la poste, ne trouvant pas sur ces montagnes, d'autres habitations que des chalets. Celui de la Vatay est devenu une auberge. On voit le long de la route quelques autres hôtelleries, qui se sont établies de même, depuis qu'elle est ouverte. Nous sommes au pied de la Dôle, la plus haute cime du Jura. Elle domine le col d'environ 300 toises, et de 658 le lac Léman, élevé de 195 au-dessus du niveau de la mer, d'après les dernières mesures des savans de Genève, qui ont déterminé cette hauteur.

Pour la description de la Dôle, nous allons céder la plume un instant à M. de Saussure, ne croyant pas pouvoir mieux servir nos lecteurs.

« On prétend, dit-il, qu'au lever du soleil,
» par un temps parfaitement clair, on peut,
» du sommet de la Dôle, reconnaître sept dif-
» férens lacs : le lac de Genève, celui d'An-
» necy, celui des Roussses, et ceux du Bour-
» get, de Joux, de Morat et de Neuchâtel. Je
» crois bien effectivement que ces sept lacs
» sont tous, ou en tout, ou en partie, à dé-
» couvert pour le sommet de la Dôle ; mais je
» n'ai pourtant pu distinguer que les trois pre-
» miers ; quoique pour les voir j'aie, à diverses
» reprises, affronté le froid, qui, même au gros
» de l'été, règne sur cette sommité dans le
» moment où le soleil se lève : j'apercevais bien
» quelques vapeurs un peu cumulées dans les
» places où je savais que ces lacs devaient être ;
» mais je ne voyais pas distinctement leurs
» eaux (1).

(*) Moins heureux et moins infatigables que M. de Saussure, nous avons vu, de cette cime, dans le milieu

» Ce que l'on voit bien clairement, et qui
» forme un magnifique coup d'œil du haut de
» la Dôle, c'est la chaîne des Alpes. On en
» découvre une étendue de près de 100 lieues ;
» car on les voit depuis le Dauphiné, jus-
» qu'au Saint-Gothard. Au centre de cette
» chaîne, s'élève le Mont-Blanc, dont les
» cimes neigées surpassent toutes les autres
» cimes, et qui, même à cette distance d'en-
» viron 23 lieues, paraissent d'une hauteur
» étonnante...

» Pour jouir de ce spectacle dans tout son
» éclat, il faudrait le voir comme le hasard
» me l'offrit un jour. Un nuage épais couvrait
» le lac, les collines qui le bordent, et même
» toutes les basses montagnes. Le sommet de
» la Dôle et les hautes Alpes, étaient les seuls
» cimes qui élevassent leurs têtes au-dessus de
» cet immense voile : un soleil brillant illu-
» minait toute la surface de ce nuage ; et les
» Alpes, éclairées par les rayons directs du so-
» leil, et par la lumière que ce nuage réver-
» berait sur elles, paraissaient avec le plus

---

du jour, un lac de moins que lui, celui d'Annecy, n'ayant pu distinguer que celui de Genève et celui des Rousses.

» grand éclat, et se voyaient à des distances
» prodigieuses. Mais cette situation avait quel-
» que chose d'étrange et de terrible : il me
» semblait que j'étais seul sur un rocher au
» milieu d'une mer agitée, à une grande dis-
» tance d'un continent, bordé par un long ré-
» cif de rochers inaccessibles.

» Peu à peu ce nuage s'éleva, m'enveloppa
» d'abord dans son obscurité, puis, montant au-
» dessus de ma tête, il me découvrit tout à coup
» la superbe vue du lac et de ses bords rians....

» On trouve au sommet de la Dôle un
» terre-plein assez étendu, qui forme une
» belle terrasse couverte d'un tapis de gazon.

» Cette terrasse est, depuis un temps immé-
» morial, aux deux premiers dimanches d'août,
» le rendez-vous de toute la jeunesse de l'un
» et de l'autre sexe des villages du pays de
» Vaud qui sont situés au pied de la Dôle. Les
» bergers des chalets voisins réservent, pour
» ces deux jours, du lait, de la crême, et
» préparent toutes sortes de mets délicats qu'ils
» savent composer avec le simple laitage.

» On goûte là mille plaisirs variés ; les uns
» jouent à des jeux d'exercice, d'autres dan-
» sent sur le gazon serré et élastique, qui re-
» pousse avec force les pieds robustes et pe-

» sans de ces bons Helvétiens. D'autres vont
» se reposer et se rafraîchir sur le bord du
» rocher, pour jouir du beau spectacle qu'il pré-
» sente. L'un montre du doigt le clocher de
» son village : il reconnaît les prairies et les
» vergers qui l'entourent ; et ses objets lui re-
» tracent les événemens les plus intéressans
» de sa vie. Un autre qui a voyagé, nomme
» toutes les villes du pays ; il indique le passage
» du Mont-Cénis, le chemin qui conduit à
» Rome, cette ville célèbre même pour ceux qui
» n'en tirent ni pardons, ni dispenses. Les plus
» hardis font preuve de courage en marchant
» sur le bord du précipice situé de ce côté de
» la montagne. D'autres, moins vains et plus
» galans, n'emploient leur adresse qu'à ra-
» masser les fleurs qui croissent sur ces ro-
» chers escarpés ; ils cueillent le *leontopodium*,
» remarquable par le duvet cotonneux qui le
» recouvre ; le *senecio alpinus*, bordé de grands
» rayons dorés ; l'œillet des Alpes qui a
» l'odeur du lis ; le *satyrium nigrum*, qui
» exhale le parfum de la vanille ; et les échos
» des montagnes voisines retentissent de cette
» joie vive et sans contrainte, compagne fidèle
» des plaisirs simples et innocens.

» Mais un jour cette joie fut troublée par

» un événement funeste. Deux jeunes époux
» mariés du même jour étaient venus à cette
» fête avec toute leur noce. Ils voulurent, pour
» s'entretenir un moment avec plus de liberté,
» s'approcher du bord de la montagne : le pied
» glissa à la jeune mariée ; son époux voulut
» la retenir, mais elle l'entraîna dans le pré-
» cipice, et ils terminèrent ainsi leur vie dans
» son plus beau jour. On montre encore un ro-
» cher rougeâtre qu'on dit avoir été teint de
» leur sang.

» Le rocher de la Dôle et ceux des environs
» sont de cette pierre calcaire compacte, d'un
» gris bleuâtre, dans laquelle on rencontre peu
» de pétrifications. Mais on trouve en divers
» endroits, à la surface de ces rochers, des
» couches minces d'une pierre moins dure,
» qui renferment un grand nombre de corps
» marins pétrifiés ».

Cette description détaillée de la Dôle excède peut-être nos proportions ordinaires, quoique nous l'ayons abrégée autant qu'il était possible de le faire, sans la tronquer ; mais elle est de M. de Saussure, et celui de tous les naturalistes de notre siècle, qui a le plus savamment observé les montagnes, méritait cette honorable exception. Il ne reste plus rien à dire après lui,

Ire. ROUTE DE PARIS A GENÈVE.

et je supprime ma propre description, faite au sommet de cette montagne, où je parvins à cheval, ainsi que ma compagnie, chose assez rare, me dit le montagnard qui me conduisait. Nous y trouvâmes une société allemande, dont faisait partie madame *Broon*, célèbre observatrice, attirée comme nous sur ce sommet par la curiosité, et nous prîmes ensemble notre repas demi-aérien, en buvant à la santé de tout le genre humain qui était à nos pieds. Nous nous y étions transportés de Saint-Cergues, village et relais suisse, situé de l'autre côté de la montagne, sur l'ancien chemin où passait la poste, avant l'ouverture de la route de Gex.

Cette dernière route, dominée à gauche par la Dôle, comme l'autre l'est à droite, domine elle-même du côté opposé une vallée pittoresque, dite la *Combe de Mijoux*, sur laquelle elle est comme suspendue en corniche.

Les voyageurs qui veulent tout observer, peuvent, avant de quitter la Vatay, voir fabriquer dans le chalet le gruyère de ces montagnes dont nous avons déjà parlé. — *Parcouru depuis Paris*. . . . . lieues. 117.

§ 35. *De la Vatay à Gex*. . . . . lieues 4

C'est surtout après la Vatay que la Combe de Mijoux s'offre dans toute sa richesse. Elle s'approfondit à mesure qu'on avance, et l'œil plonge presque verticalement sur les prairies et les chalets multipliés dont elle est couverte.

Au bout d'une demi-lieue, on trouve l'embranchement de la route de Genève à Saint-Claude, jolie petite ville, dont nous avons eu déjà occasion de parler. Elle est située dans un vallon au milieu de la grande chaîne du Jura. C'est à l'incendie qu'elle a éprouvé en 1798, par l'effet de ses toitures en sapins, qu'elle doit la propreté actuelle et la régularité de ses rues, ayant été rebâtie à neuf sur un nouveau plan. Siége d'une sous-préfecture, d'un tribunal de première instance, et jadis d'un évêché, elle contient une population manufacturière d'environ 3000 habitans, dont l'industrie diversifiée s'exerce plus particulièrement sur la tabletterie.

En laissant à droite la route de Saint-Claude, celle que nous suivons tourne à gauche : elle traverse un étroit et court défilé, où l'on perd de vue la belle Combe de Mijoux ; mais en revanche, quel sublime spectacle s'offre tout à coup à nos regards ! Ce n'est plus, comme du haut de la Dôle, toute l'étendue des Alpes ;

Iʳᵉ. ROUTE DE PARIS A GENÈVE.

ce n'est point cette confusion d'objets qui s'effacent en partie, dans la vapeur du lointain ; en un mot ce n'est point une partie des états de l'Europe qu'on a sous les yeux, mais bien une partie des Alpes et du lac de Genève, dont nous avons ici, à la distance la plus convenable pour en bien jouir, un premier et subit aspect, en ne comptant pour rien la perspective éloignée de cette chaîne, dont nous avons parlé plutôt que joui dans le trajet de la montagne de Dijon. Cette partie des Alpes est sans contredit la plus belle, puisqu'outre le *Mont-Blanc* qu'elle offre dans toute sa majesté et dans son plus beau point de vue, elle est encore embellie par les divers gradins des collines, et des montagnes secondaires qui s'avancent tapissées de tous les genres de verdures, en se dégradant insensiblement et se dessinant sous toutes les formes, depuis la chaîne centrale jusqu'au lac. Cette chaîne centrale, dénuée de tout autre ornement que le vert rembruni de ses forêts de sapins et la blancheur éclatante de ses neiges éternelles, paraît se détacher du tableau pour en former le cadre. Le petit détroit au bout duquel se présente cette perspective, fait un peu l'effet d'un tube de télescope : il semble rapprocher les objets.

En avançant, la vue s'étend à droite et à gauche : on passe sous une roche percée qui forme sur la route une espèce d'arc de triomphe. On a devant soi la ville de Gex, et dans la même direction celle de Genève, qui, vues à cette distance, paraissent très-peu éloignées l'une de l'autre. On est encore à 7 lieues de la seconde et à 3 de la première, où l'on arrive en une heure, au grand trot de la poste, en descendant toujours, et décrivant sur le flanc de la montagne de la Fossille plusieurs tournans, dont l'un offre aux voyageurs la facilité de se désaltérer dans une superbe fontaine, découverte en escarpant la montagne, et construite en faisant la route.

Ce trajet du Jura, aussi agréable que facile à exécuter en été, n'est ni aussi agréable ni aussi facile en hiver, à cause des neiges et des tourmentes. Le premier de ces deux inconvéniens m'a fait éprouver, lors de mon dernier passage, le 11 novembre 1816, des difficultés majeures qui n'ont pu être surmontées qu'en doublant le nombre des chevaux, en allant au pas, et mettant quatre heures à parcourir la poste trois quarts qui forme la distance des Rousses à la Vatay, au lieu de deux heures qu'on y met ordinairement. Le second incon-

Iʳᵉ. ROUTE DE PARIS A DIJON.

vénient que j'ai eu le malheur d'éprouver dans la même journée, a été plus grave; la tourmente m'a surpris en route dans la descente de la Fossille. Le postillon de la Vatay qui me conduisait ne pouvant plus se tenir à cheval, a été obligé de mettre pied à terre, et de ranger le long de la montagne ma voiture, dont il n'était pas plus le maître que de ses chevaux, crainte que le tout ne fût renversé, par la violence du vent, dans le précipice qui régnait de l'autre côté de la route. Il m'assura que c'était une des plus violentes tourmentes qu'il eût jamais éprouvées. Je dus mon salut, m'a-t-il dit, après être arrivé, à la large voie de mes roues, sans quoi ma voiture aurait éprouvé le même sort qu'une diligence précipitée peu de temps auparavant du haut de la route dans le précipice. Les voyageurs avaient eu la précaution de sortir, pour éviter pire; ils se couchèrent sur la neige, en s'enveloppant dans leurs manteaux, et ils eurent le bonheur de n'y point périr.

Ce dangereux fléau a pris, assure-t-on, plus d'intensité depuis l'hiver de 1814, où la montagne de la Fossille a été dépouillée par l'armée autrichienne de la forêt tutélaire de sapins qui la protégeait, tant contre les tourmentes que contre les avalanches. C'est de la gorge qu'on domine à droite que s'élancent par répercussion les tourbillons de vents qui produisent ces terribles effets. Lorsqu'ils soufflent dans toute leur violence, et que la neige tombe en même temps, c'est un double fléau qui rend le passage extrêmement pénible, souvent dangereux, quelquefois impossible.

On ne s'étonnera point d'après cela que les traîneaux y soient en usage comme au Mont-Cénis, malgré une hauteur moindre d'environ quatre cents toises, différence qui en produit peu dans la durée, comme dans la quantité des neiges, ce qu'on peut attribuer à une latitude plus septentrionale de deux degrés. On ne s'étonnera pas non plus que les ours, ces hôtes sédentaires des Alpes, ne soient pas étrangers au Jura : on en voit même beaucoup dans la partie que nous venons de traverser; les uns sont frugivores, les autres carnivores. Ces derniers portent le ravage dans les bergeries, les autres dans les champs d'avoine.

Il y en a que les bergers se sont accoutumés à voir paître innocemment parmi leurs troupeaux, et les vaches s'y accoutumaient elles-mêmes au point de ne pas s'en effrayer. Un ours de cette espèce fut tué par un chasseur,

Iʳᵉ. ROUTE DE PARIS A GENÈVE.

et pleuré par le berger, qui disait qu'on lui avait tué son ami. Ces faits sont connus à Gex, et attestés sur les montagnes par une foule de témoins.

Gex. Gex est une petite ville de 1800 habitans. Ce chef-lieu, jadis, du pays de ce nom, aujourd'hui d'un des arrondissemens du département de l'Ain, possède, avec la sous-préfecture, un tribunal civil et un bureau de poste. Les voyageurs y trouvent une bonne auberge au relais. Elle n'a aucun autre commerce que celui des fromages qui portent son nom, et aucun autre intérêt que sa position sur les bases prolongées du Jura, dans un pays des plus rians, en face des beaux points de vue dont nous jouissons depuis le sommet de la côte.

Cette ville consiste dans une rue principale et très-large, mais d'une pente rapide. Le plan légèrement incliné du sol qui forme son territoire, peut être envisagé comme une plaine formant le commencement de celle de Genève. Elle produit encore ici fort peu de vignes, mais beaucoup de pommiers, de poiriers et de noyers. Sa fertilité ne répond pas à sa belle apparence. Le froment n'y rend communément que 4 pour 1. Des sources nom-

8*

breuses y arrosent d'abondantes prairies, et vont former deux torrens qui se rendent, l'un au-dessus de Genève dans le lac, l'autre au-dessous dans le Rhône. — *Parcouru depuis Paris.* . . . . lieues. 121

§ 36. *De Gex à Genève.* 4

Descente toujours insensible et presque continuelle. Route toujours belle et presque droite. On traverse plusieurs villages, dont un seul mérite notre attention, c'est celui de Ferney, situé vers le milieu de la distance. Il n'est point de voyageurs à qui ce nom ne rappelle le philosophe du dix-huitième siècle, qui fut le fondateur et le premier habitant du village. Il en fut aussi le bienfaiteur. Sa mémoire y est adorée : on n'y parle encore de lui qu'avec attendrissement. Son village est bâti avec ce goût particulier qui le caractérisait. Ce sont de petites maisons carrées, rangées à droite et à gauche de la route, et séparées les unes des autres par de petits enclos, consistant dans un simple jardinet orné d'arbres fruitiers, de treillages, de berceaux, de verdure, etc. Ce frais entourage les fait ressembler à autant de maisons de plaisance, mais d'un genre tout-à-fait champêtre, joint à l'élégance dont ce genre est susceptible. Chacune de ces maisons devint, par les soins du génie qui les avait créées, l'habitation d'un horloger : cette industrie fut le soutien, et fit la prospérité de sa nouvelle colonie. Quant à l'habitation du philosophe, elle était noble, mais simple et pleine de charmes aux yeux de tous les voyageurs comme elle l'était aux siens. C'est un château de moyenne grandeur, consistant dans un bâtiment carré, en pierre de taille et à quatre façades, précédé d'une avenue, et orné de jardins délicieux qui dominent en terrasse la plaine, la ville et le lac de Genève; c'est une des plus belles vues du monde, avec une des plus heureuses températures.

Nous avons emprunté de Saussure, la description de la Dôle, l'un des points d'observation de ce naturaliste ; le lecteur, qui a dû nous en savoir gré, nous saura le même gré, sans doute, d'emprunter de Voltaire celle de sa retraite chérie :

O maison d'Aristippe ! ô jardins d'Epicure !
Vous qui me présentez dans vos enclos divers
 Ce qui souvent manque à mes vers,
Le mérite de l'art soumis à la nature,
Empire de Pomone et de Flore sa sœur,
 Recevez votre possesseur ;

Qu'il soit ainsi que vous solitaire et tranquille.
Je ne me vante point d'avoir en cet asile
 Rencontré le parfait bonheur.
Il n'est point retiré dans le fond d'un bocage ;
 Il est encor moins chez les rois,
 Il n'est pas même chez le sage :
De cette courte vie il n'est point le partage :
Il y faut renoncer; mais on peut quelquefois
 Embrasser du moins son image.
Que tout plaît dans ces lieux à mes sens étonnés !
D'un tranquille Océan (*) l'eau pure et transparente
Baigne les bords fleuris de ces champs fortunés ;
D'innombrables coteaux ces champs sont couronnés,
Bacchus les embellit : leur insensible pente
Vous conduit par degrés à ces monts sourcilleux (**)
Qui pressent les enfers et qui fendent les cieux.
Le voilà ce théâtre et de neige et de gloire,
Éternel boulevard , qui n'a point garanti
 Des Lombards le beau territoire.
Voilà ces monts affreux, célébrés par l'histoire,
Ces monts qu'ont traversé par un vol si hardi,
Les Charles, les Othons , Catinat et Conti
 Sur les ailes de la victoire.

Ces vers disent la vérité comme de la prose. Le lac, au surplus , n'est point visible des jardins, mais seulement des croisées du château, à cause des arbres qui le cachent. C'est à peu près la même vue dont on jouit à Gex, avec la

---

(*) Le lac de Genève.
(**) Les Alpes.

Ire. ROUTE DE PARIS A GENÈVE.

différence qu'elle est ici plus rapprochée et plus rasante. Le nouveau possesseur de cette propriété permet aux curieux de la visiter. On montre, dans le château, la chambre de Voltaire qui est telle qu'il l'a laissée : c'est encore son mobilier et son vieux lit de damas, dont un rideau est en partie détruit par les morceaux qu'en détachent les adorateurs du philosophe, pour posséder une relique de ce nouveau saint.

Dans la même chambre, on remarque, 1°. un catafalque qui renfermait, disent les uns, son cœur, avant la révolution, et qui ne l'a jamais renfermé, disent les autres, quoiqu'il porte cette inscription : *Son esprit est partout et son cœur est ici;* 2°. son portrait faisant le pendant de celui du roi de Prusse; 3°. celui de divers académiciens célèbres, parmi lesquels j'ai distingué celui de l'abbé Delille, avec cette inscription, mise de la main du grand homme : *Nulli stabilior quàm tibi, Virgili,* et celui de d'Alembert, avec cette autre inscription, également de la main de Voltaire,

> S'il parle, il sait prendre le ton
> De Théophraste dans Athène,
> S'il tient la plume, c'est Platon,
> Avec le compas, c'est Newton,
> Quand on le voit, c'est Lafontaine.

On gravit une montée courte, mais rapide, au village du Grand Saconnex qui, situé à mi-chemin de Ferney à Genève, était encore sur les terres de France, avant le dernier traité de Paris, par lequel ce village et quelques autres furent enclavés dans le Génevois. Ce territoire forme un rayon d'une lieue qu'on parcourt à travers une continuité de maisons de campagne. Je ne connais, ni en France ni en Italie, aucune avenue de ville qui offre autant d'agrément, si j'en excepte celle de la superbe Gênes; encore est-ce un genre particulier et si différent, qu'il ne saurait admettre aucun parallèle.

— *Parcouru depuis Paris jusqu'à Genève, par Troyes et Dijon.* . . . . lieues. 125

(*V. la description de Genève après la 2ᵉ. route.*)

Fin de la première route de Paris a Genève.

DEUXIÈME ROUTE
DE PARIS A GENÈVE,

Par Mâcon et Bourg.

139 lieues.

---

	lieues.
De Paris jusqu'à Mâcon (v. 1re. route de Paris à Lyon.) 32 Paragraphes.	100 ½
§ 33. De Mâcon au Logis-Neuf.	4
§ 34. Du Logis-Neuf à Bourg.	4

Après avoir passé le pont de Mâcon et le faubourg qui est à la suite, on traverse les plaines de la Bresse. Belles et fertiles, quoique sablonneuses, près de la Saône, elles sont peu intéressantes, quoique encore assez fertiles, dans le reste de la route jusqu'à Bourg.

Logis-Neuf, où est le relais intermédiaire, est un hameau sans ressource. Les deux distances qu'il sépare n'offrent au voyageur aucun lieu qui mérite son attention.

Bourg est une petite ville de 8000 habitans, portés à 15,000 dans le Dictionnaire géographique de Boiste. Située sur la rivière de la Reyssouse, elle domine du côté de l'est un bassin agréable, que terminent les coteaux du Revermont. Au nord, ce bassin se prolonge avec la rivière, et la vue se perd dans de belles prairies. L'ouest présente un plateau cultivé, et le midi une vaste forêt, celle de Seillon. Une partie de la ville est reconstruite à neuf, mais sans art et sans aucun genre d'élégance. Je n'y ai vu qu'une petite maison un peu remarquable, la maison commune, et qu'une assez belle église, celle de Notre-Dame. La halle au blé offre un bâtiment circulaire assez agréable. Hors de la ville, sur la route que nous allons suivre en partant, est un bel hôpital, et un peu plus loin la belle église de Notre-Dame de Brou, que nous verrons et décrirons en parcourant cette route.

Quelque peu riche, quelque peu considérable que soit la ville de Bourg, elle a fait cependant les frais d'un théâtre assez joli, et assez souvent occupé par les troupes ambulantes. Elle offre aux voyageurs deux ou trois auberges passables et deux ou trois établissemens de bains : c'est beaucoup pour une aussi petite population. Il y a plusieurs fontaines publiques, dont une seule est remarquable, moins par sa forme pyramidale et sans ornement, qu'en ce qu'elle a été érigée par les habitans à la mémoire du général

Joubert, né dans le département de l'Ain, dont Bourg est le chef-lieu (*).

Les promenades de cette ville en font le principal agrément. Elles consistent en plusieurs avenues de peupliers, et en diverses allées, dont l'une (le Mail) est remarquable par sa longueur.

Quoique la plaine de Bourg participe un peu de la nature marécageuse de la Bresse, le séjour n'en est pourtant pas mal sain, surtout depuis le desséchement des fossés, remplis auparavant d'eaux stagnantes et d'herbes marécageuses. Un arrêt du conseil de 1771 les concéda à la ville, qui, en les retrocédant elle-même à divers particuliers, moyennant une rétribution annuelle, à la charge de les convertir en jardins, accrut ainsi, avec ses revenus, la salubrité de son climat. Ce dernier avantage s'accroîtrait encore, si l'on prévenait les débordemens de la Reyssouse, qui couvrent souvent les terreins adjacens, dont ils rendent les produits très-incertains. Les grains et les comestibles sont, je ne sais pourquoi, toujours chers dans cette ville. Elle n'a point d'autre commerce que celui des fameuses volailles de la Bresse, ni d'autre industrie particulière qu'une filature de coton. Le citoyen y vit avec autant

---

(*) A Pont-de-Vaux.

de simplicité que d'économie, du produit de ses propriétés rurales. C'est un pays purement agricole, quant aux occupations des habitans : il l'est aussi quant aux mœurs, qui sont simples, douces et hospitalières.

On y a toujours beaucoup cultivé les sciences et les lettres. Elle possède une société littéraire. « C'est une chose remarquable, dit Lamar-
» tinière, que la petite ville de Bourg, l'une
» des plus éloignées de la Capitale, ait été la
» patrie de trois écrivains qui ont été de l'Acadé-
» mie française vers le temps de sa naissance, sa-
» voir : Gaspard Bachet, Claude de Vaugelas, et
» Nicolas Faret ». Aujourd'hui, il eût ajouté encore à cette honorable liste l'astronome Lalande.

L'histoire de Bourg présente, comme une autre, ses guerres et ses révolutions. Ancienne capitale d'une province de Savoie qui était contiguë et presque enclavée dans la France, elle a dû être prise et reprise plusieurs fois. Elle l'a été notamment par François Ier. qui y fit son entrée en 1546 : on montre encore la maison où il logea, rue Lavagri.

Enfin, le duc Charles-Emmanuel céda par le traité de 1601, la Bresse à Henri IV, en échange du marquisat de Saluces. — *Parcouru depuis Paris jusqu'à Bourg*. . . . . lieue 108

§ 35. *De Bourg à Pont-d'Ain.* . . . .   lieues.
                                                 5

On longe à gauche, à peu de distance de la ville, après le bel hôpital, dont nous avons déjà parlé, la magnifique église de Notre-Dame de Brou, fameuse par les trois tombeaux de marbre blanc qui en décorent le chœur. A droite, est celui de Marguerite de Bourbon, femme de Philippe II, prince de Savoie, qui fit le vœu de bâtir l'église. Vis-à-vis est celui de Marguerite d'Autriche, sa belle-fille, qui exécuta ce vœu. Au milieu, est le plus beau des trois, celui du prince Philibert-le-Beau, fils de la première et mari de la seconde. Le prince est représenté mort au-dessus du mausolée, et mourant au-dessous : l'une et l'autre figure offrent le même fini et la même vérité.

Ces monumens, dont on admire le style presque moderne, malgré leur ancienneté et la belle exécution, malgré quelques incorrections de dessin, sont, ainsi que l'église, l'ouvrage de Colomban, artiste Dijonnais. On voit sa statue en marbre dans la même partie de l'église. Au milieu d'un enroulement de feuilles de vigne entrelacé d'une espèce de réseau très-délicatement sculpté, on m'a fait déchiffrer les caractères d'une devise, dont le sens enveloppé est une véritable énigme à deviner : *Fortune, infortune, fort une.* Cette devise était celle de Marguerite, épouse de Philibert. On remarque encore, dans la même église, les boiseries du chœur, la sculpture gothique du jubé, et une chapelle du même style revêtue en marbre.

Devant le portail, qui est aussi d'un très-beau gothique, on voit sur le sol du parvis un cadran solaire. On se place au centre, et l'on devient soi-même l'aiguille du cadran. A la suite de l'église de Brou est l'ancien couvent de bénédictins dont elle dépendait.

Passé cette église, la route, jusqu'à Pont-d'Ain, n'a rien de bien remarquable. Les plaines qu'elle longe sur la droite, s'étendent jusqu'à la Saône, qui forme, à 9 ou 10 lieues de distance, la frontière occidentale du département. Cultivées en seigle, avoine, sarrasin et maïs, ces plaines sont parsemées d'étangs, de bois, de genets et de bruyères. Les montagnes du Revermont, qu'on a sur la gauche, et qu'on voit se rapprocher, en s'abaissant à mesure qu'on avance, séparent le bassin de la Bresse de celui de l'Ain : elles forment le premier gradin du Jura. C'est le revers de cette chaîne, comme

Iʳᵉ. ROUTE DE PARIS A GENÈVE.

l'indique le nom de *Revermont*. Une de ces montagnes, située à une lieue et demie O. de Bourg, porte le nom de Mont-Julie : la tradition veut que César y ait campé. On les voit dégénérer insensiblement en collines, et celles-ci en coteaux. Au milieu des jolis vignobles qui les tapissent, on remarque divers châteaux dont aucun ne mérite d'être cité. La route, toujours belle, franchit sur un pont de pierre la petite rivière de Suran, un quart de lieue avant l'auberge où est placé le relais de Pont-d'Ain. Cette auberge isolée, une des meilleures de la route, est à l'extrémité méridionale du coteau. Il forme ici une espèce de promontoire qu'il faut doubler, après avoir passé le relais, pour prendre à gauche la direction de Genève. Cette direction fait face et correspond à la route de Lyon, comme la direction qui précède le promontoire fait face et correspond à la route de Chambéry par Belley.

C'est après avoir doublé le cap, qu'on traverse la petite ville de Pont-d'Ain, peuplée de 1200 habitans. Elle a un bureau de poste, et un château sur la hauteur, ancienne propriété des ducs de Savoie. Il présente l'aspect d'un grand couvent. Son propriétaire actuel est M. de Saint-Sulpice.

Le nom de cette petite ville lui vient du pont sur lequel on y passait jadis la rivière d'Ain, pour aller à Belley et à Chambéry. Ce pont, détruit depuis long-temps, est remplacé par un bac. Il allait être rétabli pour le passage de la route projetée de Paris à Chambéry par cette direction, si les circonstances n'avaient fait abandonner le projet. C'était jadis la véritable route de Paris en Italie ; c'est celle que suivit Michel Montaigne, à son retour de ses voyages.

Belley, en latin *Bellica*, ville de près de 4000 habitans, située à 9 lieues S.-E. de Pont-d'Ain, et à une lieue O. de la rive droite du Rhône, est le siége d'une des sous-préfectures de l'Ain. Elle a été celui d'un évêché qui fut occupé, dans le dix-septième siècle, par le célèbre évêque Camus. — *Parcouru depuis Paris.* lieues. 113 ½

§ 36. *De Pont-d'Ain à Cerdon*.. 3

Après avoir parcouru la seule et longue rue dont se compose la ville de Pont-d'Ain, la route remonte pendant une lieue la rive droite de l'Ain jusqu'au beau pont de Neuville, où elle franchit cette rivière sur deux magnifiques arches, pour aller se réunir avec l'an-

IIe. ROUTE DE PARIS A GENÈVE.

cienne route de Lyon à Genève par Ambronay et Saint-Denis. Elle continue à côtoyer encore un peu la rivière d'Ain, en remontant la rive droite jusqu'à la petite ville de Pont-d'Ain, dominée par les ruines de son gothique château. Elle est peuplée de 1500 habitans : c'est la patrie du célèbre médecin Buchat. On laisse cette ville à gauche, et l'on quitte ensuite la vallée de l'Ain pour s'enfoncer à droite dans le vallon pittoresque qui conduit en ligne droite à Cerdon.

Les observateurs de la nature examineront avec intérêt dans les deux massifs calcaires qui encaissent presque verticalement l'étroite vallée de Cerdon, les excavations longitudinales qui règnent presque parallèlement sur les deux faces de ces rochers, à plusieurs toises au-dessus de la vallée ; ils y verront peut-être, comme M. de Saussure, un effet de l'antique érosion des eaux : peut-être aussi n'y verront-ils que l'effet plus naturel de l'action de l'air, réunie avec celle des eaux de pluie qui, frappant également sur des couches de roc inégales de solidité, ont rongé à la longue les plus molles, et les ont creusées profondément, tandis que les parties dures ont résisté.

Un quart de lieue avant le relais, on traverse

sur un pont la petite rivière de la Fouge, qui sort d'un vallon où elle offre à une grande lieue de la route, une magnifique cascade. Les curieux peuvent arriver en voiture jusqu'au domaine d'Epierre, ancienne propriété de la chartreuse de Mairiat. Cependant le chemin n'est guère carrossable après le village de Préau, où l'on remarque deux ou trois papeteries; le domaine est à un quart de lieue de là, et la cascade demi-lieue plus loin, à la naissance même de la vallée, devenue en cet endroit une gorge des plus sauvages. Elle se termine par un tapis de gazon qui, élevé en terrasse sur le ruisseau produit par la cascade, en face même de la chute, et plantée de beaux noyers, présente aux curieux un repos agréable dans un des plus solitaires et des plus frais asiles qu'il soit possible d'imaginer.

Cerdon est un gros bourg, peuplé de 2000 habitans : il y a un bureau de poste, une papeterie, un marché tous les vendredis, et quatre foires par an, dont la principale est celle du lundi des Rameaux.

La hauteur de ce bourg au-dessus du niveau de la mer a été évaluée par M. de Saussure à 156 toises. — *Parcouru depuis Paris.* . . . . 116½ lieues.

IIe. ROUTE DE PARIS A GENÈVE.

§ 37. *De Cerdon à Maillat.* . . . . lieues. 3½

La route franchit au départ la petite rivière, et gravit, immédiatement après, la haute montagne de Cerdon, qui forme la première ligne du Jura. Cette montée, longue et assez difficile, a été pratiquée en corniche sur un flanc escarpé, qui a son versant de gauche à droite. On voit à ses pieds une gorge profonde, dont le ton sauvage m'a rappelé quelques-unes de celles qui sillonnent les chaînes des Alpes ou des Pyrénées. La cascade de Marcelin, qui se précipite du haut de la montagne opposée, ajoute à cette ressemblance. Peu remarquable par son volume, elle l'est beaucoup par sa hauteur et la beauté de sa chute. Elle tarit dans les grandes chaleurs. Les gothiques et pittoresques ruines qu'on remarque sur un rocher, au-dessus de cette cascade, sont celles du château de Labatie, vendu et détruit dans la révolution. Il appartenait à M. de Murat. Sur un autre rocher, à une ou deux portées de fusil de celui-là, s'élevait plus anciennement un autre château, celui de Saint-Julien, dont les ruines subsistent de même, et ne font pas un effet moins extraordinaire.

Les talus à fonds mobiles et calcaires qui

règnent au-dessus de la route, l'encombrent quelquefois de leurs éboulemens. On a tâché de les fixer en certains endroits par des plantations de taillis et de vignobles. Sur le roc vertical qui couronne ce talus, s'élève l'église paroissiale et isolée de Saint-Alban, objet non moins pittoresque que les deux châteaux dont nous venons de remarquer les ruines. Le sommet de la montée est resserré dans un étroit défilé, et marqué par une roche coupée pour le passage de la route. M. de Saussure a évalué la hauteur de ce sommet à 161 toises au-dessus de Cerdon. De là jusqu'à Maillat, on descend presque toujours en serpentant dans de hauts vallons tapissés de prairies, et entre des montagnes la plupart boisées jusqu'à leurs cimes.

Maillat est un village situé dans un bassin, cultivé en blé, et très-fertile, quoique au milieu des plus arides montagnes. — *Parcouru* lieues. *depuis Paris*. 119

---

§ 38. *De Maillat à Nantua*. . . . . $2\frac{1}{2}$

On trouve, au bout d'un quart d'heure, le long village de Saint-Martin-du-Frêne, ancien lieu de relais; et au bout d'une heure, celui de la Cluze. Le chemin qu'on laisse à droite

II. ROUTE DE PARIS A GENÈVE. 133

dans le premier, conduit à Belley par les montagnes du Bugey, et celui qu'on laisse à gauche dans le second, à Bourg, par celles du Revermont. On y en laisse un autre en face qui conduit à Saint-Claude. C'est ici que commencent, et la gorge de Nantua, et le lac qui en occupe tout le fond. Il a environ une demi-lieue de long sur 200 toises de large. La route tourne à droite, pour en suivre la rive septentrionale jusqu'à l'extrémité opposée, où l'on arrive à Nantua.

Nantua. Cette petite ville s'étend en longueur au pied de la montagne, comme si elle avait craint d'empiéter sur une jolie prairie qui tapisse le fond de la gorge jusqu'au pied de la montagne opposée. Il résulte de mes renseignemens que ce n'est point ce motif qui a empêché la ville de s'étendre de ce côté, mais la nature du sol qui ne permet d'y asseoir ni fondations ni pilotis. Ce sol est un ancien limon laissé par le lac qui se prolongeait jusque-là, et s'est retiré depuis comme il se retire encore journellement, au point que sa diminution sensible, quoique lente, permet de caculer le temps où il aura totalement disparu.

Trois rues, à peu près parallèles, composent la ville de Nantua; deux aboutissent à la route, l'une est très-large et assez belle; l'autre est plus belle que large et entièrement bâtie à neuf. La troisième, aussi vieille que noire, aussi sale qu'étroite, se cache sur les derrières au pied de la montagne.

Cette ville, peuplée de 3000 habitans, est le siége d'une des sous-préfectures de l'Ain, d'un tribunal de première instance, et d'un collége. Elle est située au milieu d'une gorge des plus sauvages de la chaîne du Jura, entre deux montagnes, dont le sol aride et la pente escarpée n'admettent d'autre végétation que celles des ronces et des buis vers les bases, des hêtres et des sapins vers les cimes, et entre deux lacs (car nous en longerons un autre dans la distance suivante) qui ne laissent presque aucune place à la culture. Cette situation désavantageuse a obligé les habitans à remplacer, par les ressources de l'industrie, celles que la nature leur a refusées. Ils fabriquent du papier, des cuirs, des souliers et des tapis, dit de *Nantua*, étoffe grossière faite avec du poil de bœuf. Les papeteries y sont au nombre de 7 ou 8. Il y a aussi beaucoup de moulins à scies. Les habitans les plus pauvres, tant de la ville que des montagnes environnantes, sont habitués à s'émigrer tous les hivers pour exercer le métier de peigneur de chanvre.

Dans un pays qui ne produit rien, la vie animale ne peut qu'être chère : une seule chose abonde à Nantua, c'est le poisson ; outre les truites, les perches et les carpes, le lac produit encore d'excellentes écrevisses. Il y a marché tous les samedis. — *Parcouru depuis Paris*... lieues. 121

§ 39. *De Nantua à Saint-Germain-de-Joux*.. 3
§ 40. *De Saint-Germain à Bellegarde*. ... 3

Même vallée ou plutôt même gorge. On la remonte pendant quelques temps, jusqu'au village de Nérolles où elle s'élargit et offre un bon sol cultivé alternativement en froment, en orge et en foin. On la redescend ensuite jusqu'au lac de Silau, et de là jusqu'au Rhône, en suivant le cours, d'abord de la Semine, ensuite de la Valserine. Ce second lac, un peu plus long que celui de Nantua, est moins large, moins profond et moins poissonneux ; et comme s'il devait être inférieur sous tous les rapports, le poisson n'en est pas aussi bon, et l'on n'y pêche point de truites.

Sur ses bords, se montrent quelques moulins situés d'une manière extrêmement pittoresque, et mis en en mouvement par les torrens qu'il reçoit. Un de ces torrens forme, dans le hameau de Charry, au débouché du lac, une jolie cascade connue sous le nom de *Pissevache*. Ce nom est celui de diverses autres cascades de la Suisse et de la Savoie.

L'éminence de Nérolles, qui sépare les deux lacs et les deux versans de la vallée, est le produit d'un antique éboulement de la montagne. Il y a lieu de croire que c'était dans l'origine un seul lac, et qu'il fut coupé en deux par les terres et les roches éboulées qui le comblèrent dans cette partie, en déplaçant un pareil volume d'eau, et en formant une digue naturelle entre les deux. On ne doute pas qu'ils n'aient une communication souterraine, et le ruisseau qui s'échappe de la digue pour se jeter dans le lac de Nantua, vient complétement à l'appui de cette opinion.

Les rochers calcaires qui forment le noyau de toutes ces montagnes, offrent ici les mêmes traces du frottement des eaux que nous avons remarquées dans la vallée de Cerdon, et les mêmes sujets d'observations.

Les sillons semblent même plus parallèles à la pente de la vallée, ce qui les rend plus favorables aux conséquences qu'en tirent les géologues.

Iʳᵉ. ROUTE DE PARIS A GENÈVE. 137

C'est à la Voûte, hameau de 10 à 12 feux, situé à une demi-lieue de celui de Charry, qu'est le relais de la poste, et non à Saint-Germain-de-Joux, village de 50 feux, situé à un quart de lieue plus loin. Le hameau est presque tout composé de maisons neuves qui sont autant d'auberges ou de cabarets de roulage. Le village est encore mieux bâti ; il annonce une aisance générale, d'autant plus étonnante dans cette étroite et aride gorge, qu'il n'a pas comme les autres, la ressource du passage de la route. Elle franchit, au sortir de la Voûte, le ruisseau de la Semine qui sort du lac de Silan, pour côtoyer ensuite la rive droite de ce ruisseau jusqu'à Châtillon-de-Michaille, où il se jette dans la Valserine.

Ce bourg, dans lequel on laisse à droite une route de Seysselles, est également propre et bien bâti. Les voyageurs y trouvent une belle et bonne auberge, et s'étonnent que ce lieu, le plus considérable de toute la route après Nantua, et le plus fécond en ressources, ne soit pas un lieu de relais. On a traversé, vers le milieu de la distance, au hameau de Tacon, sur un pont pittoresque, un torrent qui prend sa source dans les montagnes du Valromey. Nous allons passer à Bellegarde, sur un pont encore plus pittoresque, la Valserine, près de son embouchure dans le Rhône, et de l'endroit où ce fleuve se perd.

Cette fameuse perte du Rhône est moins un phénomène qu'un accident extraordinaire : il coule ici, ou plutôt il roule dans un profond canal qu'il s'est creusé lui-même au milieu d'un autre beaucoup plus large, pareillement et antérieurement creusé par le fleuve dont il a été évidemment le lit primitif. C'est, à proprement parler, deux lits l'un dans l'autre, dont le grand ne sert que lorsque le petit ne suffit pas à contenir les eaux gonflées par les pluies ou la fonte des neiges. En cet état, qui dure près de la moitié de l'année, la perte du Rhône n'existe point : c'est dans le temps des gelées qu'elle est le plus sensible. Le Rhône, réduit alors à son moindre volume, coulant tout entier dans le fond du canal inférieur, s'y perd sous des rochers, et voici comment cette perte s'opère :

L'eau qui a creusé ce canal par la continuité de son érosion, l'a excavé dans tous les sens ; mais en minant les deux parois, elle a épargné la couche supérieure du roc ; soit parce qu'il s'est trouvé d'une nature plus dure, et a résisté à l'action du frottement ; soit parce que cette action a été moindre, le frottement étant plus

IIe. ROUTE DE PARIS A GENÈVE.

rare au bord que dans l'intérieur du canal. Ce bord est donc resté en saillie, et a formé une double corniche qui, s'avançant des deux côtés, a laissé en certains endroits un si faible intervalle, qu'une enjambée pourrait aisément le franchir. Dans une partie, de gros quartiers de roc éboulés des rives supérieures s'étant trouvés plus volumineux que cet intervalle n'est large, ont été pris entre les deux corniches, et y ont resté suspendus comme les clefs d'une voûte. De nouveaux éboulemens, joints aux graviers et débris de toute espèce qu'entraîne le fleuve, lorsque dans ses débordemens du petit lit dans le grand, il passe par-dessus ces rochers, ont fermé, et comme cimenté les interstices qui les séparaient, de manière que les curieux, après être descendus, au moyen d'une échelle, et non sans peine, dans le grand lit, peuvent le parcourir en tout sens, depuis la perte jusqu'à la renaissance (intervalle qui dure l'espace d'une portée de fusil) sur ces espèces de voûtes, dont l'inégale surface présente néanmoins une promenade peu commode.

Ces rochers qui nous ont d'abord paru écroulés naturellement des rives supérieures, paraissent à l'œil de l'observateur attentif, en avoir été détachés par des mines, dont on voit encore la trace, du moins à l'endroit où commence la perte. Ces mines furent faites anciennement afin d'élargir le lit et d'escarper les rives du Rhône, qui servait, en cette partie, de frontière entre la Savoie et la France, et pour opposer cette largeur et cet escarpement aux fraudes des contrebandiers et au passage des déserteurs. Ainsi, la perte du Rhône ne serait pas antérieure à l'invention de la poudre.

Vers le milieu de cette partie réduite à sec, on traversait le grand lit sur le pont de Lucey qui formait la communication du Bugey avec la Savoie. Ce pont était la position la plus favorable pour voir la perte du Rhône; l'invasion de 1814 l'a fait disparaître. Il n'y avait que peu de curieux qui se déterminassent à descendre dans le lit supérieur, dont les bords escarpés ne sont accessibles que par escalade, car ce n'est qu'au moyen d'une longue échelle qu'on parvient à descendre, comme à remonter. On ne peut aujourd'hui bien voir la perte qu'en exécutant cette escalade.

En la regardant du haut de l'escarpement qui forme l'une ou l'autre rive, on risque de se précipiter, d'autant qu'on est forcé d'avancer la tête pour bien examiner. Cette perspective verticale et périlleuse ne satisfait point la curiosité : il y a cependant tel point de vue où l'œil embrasse à la fois le commencement et la fin de la perte, et jouit du beau contraste qu'elle offre. Du côté où les eaux s'engoufrent, c'est l'impétuosité d'un torrent; du côté où elles reparaissent, c'est la majesté d'un fleuve. Après avoir observé cet accident extraordinaire, qui n'est point un phénomène, comme nous venons de le voir, les amateurs d'histoire naturelle ne doivent pas quitter le lit du Rhône, sans examiner la singulière pierre lenticulaire qu'y a remarquée M. de Saussure.

Cette interruption subite du fleuve au fond d'un lit, profondément creusé dans un premier, en forme de canal ou d'aquéduc, les blocs énormes au milieu desquels il roule, tantôt dessus, tantôt dessous, la marche tumultueuse de ses eaux tant extérieures qu'intérieures, enfin le petit moulin de Mussel, situé de la manière la plus extraordinaire au fond de cet abîme, près du confluent de la Valserine, tout cela joint à la verdoyante fraîcheur des prairies ombragées, à la sinueuse variété des pentes rapides qui bordent les deux rives, forme une des scènes les plus attachantes qui existent dans la nature.

Sous ce rapport, on peut la comparer à celle

que nous offrira la chute du Rhin dans une autre partie de nos voyages. On peut la comparer encore avec plus d'exactitude à celle que présente au même endroit le cours de la Valserine, immédiatement avant son embouchure.

Ce torrent, comme le Rhône qui n'est ici qu'un torrent lui-même, a son lit supérieur et son lit inférieur, dont l'abord est presque aussi difficile et la profondeur non moins effrayante. Comme le Rhône, il laisse le premier lit entièrement à sec pendant une partie de l'année; mais c'est là que se borne la ressemblance. Le lit supérieur offre une surface calcaire unie et blanchâtre, qui ressemble aux incrustations ou dépôts d'une eau pétrifiante. Un examen attentif fait juger que toute la masse est de la même solidité, et que sa couleur blanche provient, non d'un dépôt calcaire, mais d'une décomposition superficielle du roc, par l'effet de l'eau.

Au milieu de ce canal, plein en hiver, vide en été, serpente parallèlement à ses bords, un étroit sillon qu'on aperçoit à peine de loin, et qui vu de près offre une profonde cavité où jamais les rayons du soleil n'ont pénétré. Ce canal inférieur est plus que suffisant pour ren-

IIᵉ. ROUTE DE PARIS A GENÈVE.

fermer les eaux dans leur état naturel : c'est leur lit d'été. On le franchit partout d'une enjambée. Quelquefois la concrétion, qui forme le fond du lit supérieur, se joint d'un bord du lit inférieur à l'autre, et offre aux curieux de petits ponts, du haut desquels on contemple avec effroi l'immense volume d'eau qu'on voit bondir sous ses pieds. C'est un torrent presque partout en fureur, et une eau presque partout en écume, dont les flots toujours impétueux rarement se déploient en nappes, plus souvent se précipitent en cascades, et quelquefois se soulèvent en vagues comme pour s'élancer hors de leur prison souterraine. Ce canal inférieur s'élargit intérieurement, et n'est étroit que sur ses bords, dont on ne doit approcher qu'avec précaution : la moindre chute entraînerait dans le gouffre.

Cet accident terrible est arrivé, peu avant mon dernier passage, à un douanier qui eut l'étonnant bonheur de se sauver, par une espèce de miracle qu'on a peine à croire. Un de ses camarades voulut le retenir, et n'en put venir à bout. Il chercha vainement quelque moyen de le secourir; il le vit disparaître, et bientôt n'entendit plus ses cris. Aussitôt il court vers l'embouchure, et ne le voyant point sortir de l'abîme, avec les eaux qu'il supposait l'avoir entraîné, il remonte les bords escarpés de la rivière. En approchant du lieu où il avait vu tomber son camarade, il l'entendit appeler et demander une échelle. Il réussit à lui en procurer une, et le vit remonter sans aucun mal. Entraîné d'abord par les eaux, ce malheureux avait rencontré une saillie de roc où il s'était accroché, et où il attendit l'échelle libératrice.

C'est à quelques portées de fusil au-dessus de son embouchure dans le Rhône, qu'il faut observer le cours de la Valserine ; et quoique les géographes se taisent sur cet accident extraordinaire de la nature, on ne le trouvera pas moins curieux peut-être que la perte même du Rhône.

Ces deux torrens offrent entre autres ressemblances, celle d'avoir la dimension de leurs eaux beaucoup plus en profondeur qu'en largeur. Le lit supérieur de l'un et de l'autre indiquent par des couches longitudinales parallèlement creusées dans les parois du roc, les divers niveaux de leur ancienne élévation.

On voit tous ces étages des eaux, si l'on veut me passer l'expression, s'abaisser graduellement jusqu'au niveau qu'elles occupent aujourd'hui, et qu'elles travaillent à marquer de même, en

IIe. ROUTE DE PARIS A GENÈVE.

minant le rocher de la même manière qu'il l'a été dans les étages supérieurs.

Les voyageurs qui veulent connaître tout ce qu'il y a d'intéressant dans les pays qu'ils parcourent, doivent, après avoir observé à Bellegarde la perte du Rhône et le cours de la Valserine, aller visiter à 3 lieues vers le sud, la mine d'asphalte du Parc : elle est au bord du Rhône, 2 lieues au-dessus de Seyssel, petite ville où conduit, en passant près de ces mines et en longeant le fleuve, un chemin qui part de Bellegarde même et se joint avec celui que nous avons vu à Châtillon. Outre cette mine curieuse, ils admireront la nature romantique du site et le cours pittoresque du Rhône, devenu navigable à partir du Parc.

C'est ici le cas de dire un mot de la curieuse course nautique exécutée sur ce fleuve, tant au-dessus qu'au-dessous de la perte, dans la partie où il est le plus fougueux, le plus torrentueux, le plus étranger à toute possibilité de navigation, par M. le baron de Monville, qui paraît avoir en cela réalisé l'impossible. Cette entreprise fut aussi heureusement terminée qu'audacieusement tentée. Il en a publié en 1815 une relation intéressante où il nous apprend tous les dangers, toutes les difficultés de ce voyage presque incroyable, s'il n'était attesté par le témoignage de tous les habitans du pays, qui le jugeaient inexécutable, jusqu'à ce qu'ils l'aient vu exécuter.

Cette épouvantable navigation, depuis le fort de l'Ecluse jusqu'à Génissiat, dans un espace de 8000 toises, que nul mortel n'avait jamais franchies, n'embrasse point les soixante pas durant lesquels le fleuve se perd. S'engoufrer avec lui dans cet abîme, eût été absolument s'y briser, comme lui, contre les rochers, si toutefois il était possible d'y pénétrer; mais cette possibilité n'existe point. « Il est bien
» singulier, dit M. de Monville, que tous les
» voyageurs se soient persuadés que ce goufre
» engloutissait les corps que leur légèreté doit
» retenir à flot. Je m'étonne encore plus que
» Saussure ait pu le croire, tandis que je n'ai
» jamais pu moi-même faire disparaître les
» morceaux de bois que je me suis amusé
» souvent à y jeter. Ils finissaient par se ranger
» sous la corniche, mais je me suis assuré
» qu'ils ne s'engloutissaient pas; et cela n'est
» point arrivé à ma barque que j'y abandonnai
» à elle-même ».

C'est dans l'auteur lui-même qu'il faut lire les curieux détails de cette navigation, non moins effrayante et non moins extraordinaire que l'ascension de M. de Saussure au Mont-Blanc. M. de Monville avait fait construire son bateau à Seyssel; mais sa première tentative, comme celle de M. de Saussure, fut entravée par divers contre-temps. La seconde réussit parfaitement, non sans beaucoup de périls bravés et d'obstacles vaincus.

Le motif de cette téméraire entreprise était de découvrir s'il était possible de maintenir la navigation, par des moyens quelconques, depuis Lyon jusqu'à Genève, ou d'assurer au moins le flottage des arbres et des radeaux dans cette partie du cours du Rhône, réputée inaccessible. Il en devait résulter un débouché pour les forêts de la Suisse, et une ressource pour la ville de Lyon, indépendamment de la facilité des échanges pour les divers produits des montagnes et des fabriques de la Suisse, contre ceux des vignobles et des fabriques de cette partie de la France, si la navigation eût pu s'y établir.

Le seul flottage a paru pouvoir être rendu praticable, en escarpant quelques passages étroits, redressant quelques sinuosités, et faisant sauter quelques angles trop rapprochés, pour donner plus de développement aux divers contours du fleuve, et pouvoir livrer passage à des mâts d'une grande longueur. — *Parcouru depuis Paris*. . . . . lieues. 128

§ 41. *De Bellegarde à Colonge*	4
§ 42. *De Colonge à Saint-Genis*.	4
§ 43. *De Saint-Genis à Genève*.	3

Après avoir traversé, au sortir de Bellegarde, la Valserine, tout près de son embouchure, on remonte la rive droite du Rhône, en gravissant, par la longue montée du Credo, les bases escarpées et souvent sinueuses du Jura. La rive gauche n'est pas serrée de moins près par la montagne opposée. C'est ce défilé que Jules-César décrit dans le passage suivant de ses Commentaires (liv. Ier.) *Angustum et difficile inter montem Juram et flumen Rhodanum, quâ vix singuli curri ducerentur. Mons autem altissimus impendebat ut facilè perpauci prohibere possent.* A ce tableau, il est impossible de méconnaître la route qu'on parcourt. Dominée à gauche par le Jura, elle domine elle-même à droite le Rhône, qu'on voit écumer dans un profond encaissement ou plutôt dans un profond abîme.

Au milieu de ce défilé, vers les trois quarts

de la distance, s'élevait suspendu sur le fleuve, de la manière la plus extraordinaire, adossé à une masse de roc verticale que soutient une haute terrasse, et resserré entre deux ravins d'une effroyable profondeur, le fort de l'Ecluse, l'un des anciens boulevards de la Savoie. Les Autrichiens l'ont détruit dans l'invasion de 1814 : ce qui en reste aujourd'hui ne présente plus aucune défense, et diffère peu d'une ruine. La route le traverse comme auparavant, ne pouvant passer ailleurs. Elle y pénètre par un pont-levis et en sort par un autre, jetés tous les deux sur les ravins dont on vient de parler. Ce fort appartenait jadis à la Savoie. Je n'ai pu ni me rappeler, ni retrouver, par les recherches ordinaires, le nom du duc qui l'a fait bâtir; mais laissant à l'histoire cette question peu intéressante pour la plupart des voyageurs, qu'il nous suffise de savoir que c'est l'un de ces ducs qui fut réellement le fondateur du fort de l'Ecluse, et non Jules-César, à qui les habitans pays veulent en faire honneur. On ne peut pas même lui attribuer une tour ronde qui paraît évidemment plus ancienne que le reste du château : sa construction est du gothique le plus caractérisé. Le passage des Commentaires, cité plus haut, loin de favoriser cette opinion, contribue au contraire à la repousser, puisqu'il n'y est parlé d'aucune construction de forteresse, opération militaire que n'aurait pu passer sous silence un auteur qui n'oubliait rien.

« Le détroit de l'Ecluse, dit M. de Saussure, » est une échancrure étroite et profonde, creu- » sée par la nature, entre la montagne de » Vouache et l'extrémité du Mont-Jura ». La dénomination de l'Ecluse paraît à ce judicieux observateur représenter une issue ouverte aux eaux entre de hautes montagnes. « Cette issue, » ajoute le savant Génevois, est la seule par » laquelle le Rhône puisse sortir du sein de nos » montagnes. Si elle se fermait, nos plus hautes » collines seraient submergées, et toute notre » vallée ne formerait qu'un immense réservoir, » qui ne pourrait se verser qu'en passant par- » dessus le mont de Sion ».

Il conjecture que ce passage était originairement fermé, ou que du moins il n'était pas creusé à beaucoup près aussi profondément qu'aujourd'hui. Nous ne suivrons pas plus loin ce physicien dans ses recherches, qu'il faut puiser à la source même. Il nous suffit d'avoir fait remarquer à nos lecteurs ce que le passage de l'Ecluse a de plus intéressant.

Colonge est un village où cesse la gorge que

nous avons suivie jusque-là, et où commence le bassin de Genève. Ce bassin se développe à mesure qu'on avance. La perspective devient magnifique. On perd de vue les bords du Rhône qu'on ne revoit plus qu'à Genève.

Saint-Genis est un beau village de 6 à 700 habitans, près duquel on peut voir une jolie source dont nous avons traversé les eaux, peu de temps avant d'arriver. Elle sort du pied du Jura et va se jeter de suite dans le Rhône où on laisse à gauche le chemin de Gex. Ce village est situé non loin du pied du Jura, dans la riante plaine de Genève, qu'il ne faut pas confondre avec le territoire de cette ville. On n'y entre que vers le milieu de la distance. Il s'annonce par les nombreuses maisons de campagne dont il est parsemé.

Le village de Meyrin, jadis français, fait aujourd'hui partie du territoire Génevois. On y laisse à gauche la route de Ferney.

(*V.* pour la description de Genève la 1re. route de Paris à cette ville.)

Parcouru depuis Paris jusqu'à Genève par Mâcon et Bourg. . . . . lieues. 139

FIN DE LA DEUXIÈME ROUTE DE PARIS A GENÈVE.

ITINÉRAIRE DESCRIPTIF,

OU

DESCRIPTION ROUTIÈRE,

GÉOGRAPHIQUE, HISTORIQUE ET PITTORESQUE

DE LA FRANCE ET DE L'ITALIE.

VILLE DE GENÈVE.

GENÈVE se présente sur toutes ses avenues par de belles façades, qui, précédées de ses remparts plantés et gazonnés, la font ressembler de loin à un groupe de maisons de plaisance entourées de leurs verdoyans enclos.

Elle produit surtout cet effet, quand on arrive par l'avenue de Chambéry, qui aboutit à la Porte-Neuve, la plus belle, comme la plus fortifiée de toutes, car il ne faut pas oublier que la paisible Genève est une ville de guerre : ses remparts à la Vauban ne laissent aucun doute à cet égard. Bastions, retranchemens, doubles fossés, doubles ponts-levis à chaque porte, rien n'y manque; du côté de la Savoie elle annonce même une place forte du premier ordre. C'est que les Génevois ont été dans un état de guerre presque habituel avec les Savoyards qu'ils regardaient comme leurs ennemis nés. Leur ville fut long-temps un objet d'ambition pour les souverains de ce pays, qui tentèrent de la surprendre dans la nuit du 11 au 12 septemb. 1602. Avertis par les sentinelles, les habitans se réveillent en sursaut, courent aux armes à moitié habillés; et les assaillans, dont plus de deux cents avaient déjà escaladé les remparts, furent les uns repoussés, les autres pris, et ces derniers pendus comme voleurs de nuit. C'était par le bastion de Hollande qu'ils avaient réussi à s'introduire. On y voit une inscription qui rappelle cet événement, aussi mémorable pour la ville de Genève que le fut pour celle de Rome la surprise du Capitole par les Gaulois. C'est même une des premières choses que les Génevois y racontent aux étrangers concernant leur ville.

Une troisième porte, celle de Rives, conduit dans le Chablais, la plus riche et la plus belle province de la Savoie. Entre les deux ponts-levis qui précèdent chacune de ces portes; un douanier d'un côté, un portier de l'autre, m'ont demandé: le premier, ma déclaration de marchandises; l'autre, mon passeport. Cette double formalité remplie, on est dans la ville, qui n'a d'autres faubourgs que son enceinte de maisons de campagne.

Généralement bien percée et bien bâtie, elle annonce, d'une manière à la fois noble et simple, le ton d'une capitale et l'opulence d'une place de commerce d'un ordre supérieur. Cependant, cette opulence, née de l'industrie générale, et non comme ailleurs, de la misère publique, s'y montre sans ostentation. Si la vue n'y est pas offensée par le faste de la richesse, quoiqu'il y ait plusieurs millionnaires, elle n'y est pas non plus attristée par les haillons de la misère. Tout le peuple y est dans l'aisance, parce que tout le peuple travaille; et lorsque le défaut d'occupation produit des nécessiteux, une société de bienfaisance établie pour cet objet vient à leur secours.

Le mouvement qui règne à Genève ajoute singulièrement à l'agrément de cette ville, visitée par les étrangers de toute l'Europe : c'est en quelque manière, dans la belle saison, un congrès général de toutes les nations. J'ai compté à la table d'hôte de l'auberge des Balances, deux Russes, un Polonais, un Suédois, un Danois, plusieurs Suisses de divers cantons, des Français, des Anglais, des Anglo-Américains, des Piémontais, des Milanais, des Romains, etc.

Pour arriver aux auberges, après avoir parcouru une très-large rue, qui, bordée à gauche de hautes arcades, construites en bois et nommées *Dômes* dans le pays, descend rapidement vers le Rhône, on passe sur deux jolis ponts de bois, les deux bras de ce fleuve, renaissant en quelque manière au sortir du lac, et précipitant au travers de la ville, qu'il divise en trois parties inégales, ses eaux purifiées dans ce bel et vaste réservoir. On sait qu'elles y entrent aussi bourbeuses qu'elles en sortent limpides. Ces deux bras du Rhône sont impétueux comme deux torrens et larges comme deux rivières. Rien ne peut altérer la pureté de leurs ondes bleuâtres, dont le mobile et brillant azur laisse distinguer à une grande profondeur les cailloux non moins brillans qui forment le fond des deux canaux. Dans l'île étroite et oblongue qui les sépare, une machine hydraulique remplit le même objet que les pompes à feu de Paris, celui de fournir d'eau les divers quartiers de la ville. On y voit encore une vieille tour bâtie dans le douzième siècle, sur les fondemens de celle qu'avait fait élever César, pour défendre le passage du Rhône aux Helvétiens.

Le quartier qui est sur la droite du Rhône, et par lequel nous arrivons, se nomme Saint-Gervais, et celui qui est sur la gauche, la Ville haute ou la Cité. L'île est censée faire partie du quartier Saint-Gervais. La Ville haute est ainsi nommée, parce que ses rues se trouvent sur le penchant ou le sommet d'une colline. Dans la capitale de la France, cette colline haute et escarpée porterait le nom de montagne, et aurait bien plus de droit à ce titre que celle de Sainte-Geneviève de Paris; mais en Suisse, où l'on se connaît en montagnes, ce nom n'est pas ainsi prodigué.

La célébrité de cette ville semble la placer au niveau des plus considérables de l'Europe, tandis que sa population de 22 à 23,000 âmes, et son enceinte de moins d'une demi-lieue, la mettent à peine au rang des villes du troisième ordre.

C'est à sa position extraordinaire autant qu'intéressante, sur la limite de trois Etats, sur le bord et le débouché du plus joli lac de la Suisse, dans un des plus beaux et des plus pittoresques coins du monde, qu'elle doit une moitié de cette grande célébrité; mais elle doit l'autre moitié à elle-même, à l'active industrie de ses habitans, au grand commerce qu'ils font avec toute l'Europe, aux sciences qu'ils ont toujours cultivées avec succès, aux nombreux savans qu'ils ont produits, enfin à leur gouvernement républicain, à leurs mœurs presque antiques, je dirai même à leur orageuse liberté.

Si Genève ne peut être comptée au nombre des grandes villes, elle ne peut pas prétendre davantage au titre de belle, toute bien bâtie et bien percée qu'elle est en général, excepté dans quelques rues aussi étroites qu'escarpées de la Ville haute : aucune place ne la décore, aucune rue, aucune fontaine publique, aucun édifice remarquable, aucun monument des arts, n'y fixent l'attention des nombreux voyageurs qui la visitent. La place du *Bel-Air* n'est qu'un grand espace vide, sur la rive gauche du Rhône; mais cet espace, s'il est sans régularité par son enceinte, n'est pas sans agrément par sa situation, ainsi que par l'activité qui y règne. Le bastion de Hollande qui est à la suite sur la même rive, est consacré à un parc d'artillerie. Les beaux arbres qui l'ombragent offrent une agréable promenade; mais j'ai toujours vu des sentinelles à la porte en interdire l'entrée au public, et ce n'est même qu'en fraude que j'ai pu y entrer moi-même un instant. C'est sans doute en cet endroit que sera placée la fabrique d'armes que la Confédération helvétique se propose d'établir à Genève, d'après nos journaux, où j'ai lu aussi que le canton de Genève fait construire un polygone, et va créer à ses frais une fonderie de canons.

VILLE DE GENÈVE.

Les maisons de Genève sont toutes très-hautes, ayant ordinairement quatre ou cinq, et jusqu'à six étages, fort élevés les uns sur les autres. Les principales sont bâties en pierres de taille, qu'on nomme *molasse* dans le pays, parce qu'elle est molle au sortir de la carrière, avantage qui la rend facile à travailler, et qui deviendrait un défaut, si elle ne durcissait à l'air.

Les façades qui fixent les regards sont en très-petit nombre : on n'en peut citer que quatre ou cinq, qu'on voit à droite s'élever majestueusement, les unes à la suite des autres, au-dessus du rempart, quand on arrive par la Porte-Neuve. Dans ce nombre, se distinguent celles de M. Selon et de M. de Saussure : cette dernière est moins remarquable par elle-même que par son ancien et illustre propriétaire. L'hôtel-de-ville figure aussi parmi ces façades. C'est un assez bel édifice, dont on remarque particulièrement l'escalier sans marches, qui permettrait d'arriver à cheval et même en voiture jusqu'au dernier étage. Dans la cour sont réunies diverses pierres portant des inscriptions antiques, et une colonne milliaire. L'hôtel du résident de France, qui décore la même rue, est d'un style noble. Il a été construit dans le goût français par la courtoisie génevoise.

Un joli temple moderne, sous le nom de Temple neuf, s'élève dans la partie basse de ce quartier. Il forme une des façades de la place de la Fusterie, la plus grande et la moins irrégulière de Genève.

Enfin la cathédrale gothique de Saint-Pierre couronne noblement la partie la plus haute de la Ville haute. Le frontispice de cette église présente un beau péristyle moderne. « L'en-
» semble (dit assez plaisamment M. Bourrit,
» auteur des mille et un Itinéraires de Genève)
» surpasse en majesté Sainte-Geneviève de
» Paris, parce qu'à la majesté de ses propor-
» tions sont joints une taille et un faire plus
» mâles et plus rustiques (*) ». Voilà un jugement bien hardi ; mais ce qu'il a de plus plaisant, c'est la manière dont il est exprimé et motivé. Il faut être, je ne dirai pas Génevois, car cette ville est remplie de gens de goût, mais M. *Bourrit,* pour préférer à l'église de Sainte-Geneviève de Paris, celle de Saint-Pierre de Genève.

L'intérieur de ce temple nous a offert un gothique assez imposant, mais sans autre orne-

---

(*) Itinéraire de Genève, Lausanne et Chamouni, édit. de 1791, chap. IV, pag. 35.

ment qu'une orgue pour accompagner le chant des psaumes, une chaire pour le pasteur et des bancs pour les assistans. Ce pasteur et ces assistans sont l'apôtre et les disciples de Calvin. On voit dans une des chapelles le tombeau d'un duc de Rohan.

La plate-forme des tours de l'église de Saint-Pierre offre, comme on pense bien, un superbe horizon. Pour mieux en jouir, il faut monter sur celle du nord, dite de la *Clémence*. Les personnes qui n'aiment pas ces fatigantes ascensions, pourront, sans se donner autant de peine, retrouver, à peu de chose près, les mêmes points de vue, ou du moins la plus belle partie, à la promenade de Saint-Antoine, nommée aujourd'hui place Maurice, du nom du maire qui a pris soin de la faire planter. On y jouit d'un coup d'œil ravissant sur les Alpes du Faucigny et du Chablais, sur le pays de Vaux et de Gex, sur le lac Léman, et sur le coteau de Cologny qui le borde d'un riche amphithéâtre de jardins et de maisons de plaisance.

Près de cette plate-forme est l'observatoire, petite rotonde très-basse, mais bien pourvue de tous les instrumens nécessaires aux observations astronomiques.

Une seconde promenade en terrasse, celle de

la Treille, s'étend le long des belles façades dont nous avons admiré l'effet près de la Porte-Neuve, et domine une plaine charmante qui forme la plus jolie partie du joli bassin de Genève, encadré au sud, par le grand et le petit Salève, le mont Sion et le mont Vouache, au nord, par les croupes prolongées du Jura.

Cette seconde promenade, la plus fréquentée de toutes, règne sur une troisième, le Bastion-Bourgeois, qui n'a que quelques échappées de vue ; mais c'est la plus belle et la plus agréable de Genève, par l'ombrage dont on y jouit et la fraîcheur qu'on y respire à toutes les heures du jour. Très-fréquentée autrefois, elle est déserte aujourd'hui : un sentiment universel d'horreur et de regret en éloigne les Génevois, depuis qu'ils y ont vu tomber sous le fer révolutionnaire leurs plus illustres citoyens.

Un buste grotesque et colossal s'élevait naguères sur un pilastre non moins grotesque, au milieu de cette promenade, qu'était loin d'embellir un aussi hideux monument. On l'avait érigé à la mémoire de Jean-Jacques-Rousseau.

J'ai lu sur une des faces du pilastre :

à J.-J. ROUSSEAU le Peuple Génevois en 1793,
(l'an II de l'égalité.) (*)

―――――――――――
(*) Au moment de l'impression de ce volume, les

« Ce monument (dit un auteur) repose sur
» la place même arrosée du plus pur sang de
» Genève. Il était impossible de faire une sa-
» tire plus sanglante du Contrat-Social, et une
» injure plus cruelle à son auteur. O Rousseau!
» illustre philantrope, te voilà dans la solitude
» après laquelle tu soupirais : on se détourne à
» l'aspect de ton image ; la terre qu'on a pré-
» tendu consacrer à ta gloire, est maudite. Ah !
» combien ton ombre indignée doit rougir de
» l'encens de tes adorateurs. Quand tu osas re-
» monter à l'obscure origine du pouvoir, tu
» croyais révéler au monde d'utiles vérités ; et
» tes leçons de politique sont devenues des
» arrêts de proscription ; tes panégyristes, des
» bourreaux ». (*Voyage dans la Savoie et dans le midi de la France*, pag. 342.)

---

journaux portent que dans la nuit du 26 février 1817, une colonne de feu s'est dirigée avec rapidité de l'endroit dit Bastion-Bourgeois, dont on a fait aujourd'hui un jardin botanique, vers la plaine de Plein-Palais. Comme ce phénomène s'est manifesté après le jour où l'on a démoli le monument élevé dans ce lieu à la mémoire de Rousseau, et où l'on a enlevé sa statue, la superstition a voulu reconnaître dans ce météore l'esprit de l'illustre Génevois fuyant avec indignation son ingrate patrie.

Au lieu de ce vilain buste de Jean-Jacques, les voyageurs aimeront mieux voir celui qui indique, plus qu'il ne décore, la modeste habitation où ce philosophe a reçu le jour. Les Génevois la conservent avec respect, et la montrent avec orgueil aux étrangers.

Ils ne sont pas aussi glorieux de leur montrer leur salle de spectacle, assez agréable bâtiment construit en 1784, contre l'avis de Jean-Jacques, qui regardait cette innovation comme l'écueil des mœurs génevoises. Ils craignent d'avoir justifié les alarmes du philosophe, et vérifié ses prédictions.

Depuis que cette république est rendue à elle-même, le spectacle qui avait pris une activité particulière sous les Français, a été fermé; mais les Génevois, qui n'en connaissaient pas la privation avant d'en connaître la jouissance, la sentent vivement aujourd'hui qu'ils la perdent après en avoir joui pendant trente ans.

Les plaisirs du jeu et de la table, des cercles nombreux, des sociétés où les deux sexes ne se confondent pas, ne sauraient remplacer la ressource du spectacle, pour toutes les classes des habitans. Les uns se livrent à leurs regrets dans le silence; les autres les expriment hautement. Il est certain que cette ville en a pris une teinte sombre, et une sorte de tristesse qui en éloigne les étrangers, notamment les Anglais. Ils n'y avaient jamais autant abondé que dans l'été de 1816; et ils ont tous déserté aux approches de l'hiver, pour aller chercher en Italie, avec un climat plus chaud, des mœurs moins austères. C'est sans doute d'après cette dernière considération que le gouvernement est prêt, dit-on, à se relâcher de sa rigueur, et à rouvrir la salle de spectacle aux troupes ambulantes, comme auparavant.

Il ne paraît pas aussi prêt à se relâcher de ses lois somptuaires qui interdisent les diamans et les dentelles, ainsi que la dorure, tant sur les habits que sur les équipages. Ces derniers sont en conséquence sans éclat; quoiqu'ils ne soient pas sans élégance. Les amateurs se dédommagent sur les chevaux. On y en compte jusqu'à 300, tant de main que de trait, qui peuvent passer pour chevaux de luxe. La plupart sont achetés en France, la Suisse ne fournissant que des chevaux de force.

Le caractère des Génevois, et surtout des Génevoises, avait jadis quelque chose d'anglais; mais il s'est un peu francisé pendant la réunion à la France, de manière que c'est aujourd'hui un mélange de l'un et de l'autre caractère. On dirait que les dames ont voulu prendre des deux nations ce qu'elles y ont trouvé de mieux, en joignant à la teinte mélancolique et sentimentale des Anglaises, les grâces et l'amabilité des Françaises. Elles sont généralement belles, bien faites, et surtout extrêmement fraîches. Il n'est point de pays où elles aient plus d'instruction, ni une éducation plus perfectionnée. Les hommes participent à tous ces avantages; mais ils les gâtent par un ton de morgue qu'on ne leur reproche pas sans quelque raison, et qui paraît être leur trait caractéristique.

« Avec beaucoup d'instruction, dit l'auteur
» du voyage en Savoie, déjà cité, les hommes
» ont peu d'agrément dans l'esprit et dans les ma-
» nières. Leur abord est froid et sec. Ils rêvent,
» ils pensent, ils raisonnent; mais ils ne savent
» point causer. Ils ont assez de sagacité pour
» saisir les défauts d'autrui, et trop peu d'indul-
» gence pour les pardonner. La raillerie est une
» petite jouissance que leur amour-propre ne
» se refuse guères ». (*Voyage en Savoie*, p. 371.)

Je regrette de n'avoir rien à retrancher de ce portrait, ni d'autre correctif à y ajouter, que d'honorables et nombreuses exceptions. Au surplus, si tels sont les défauts des Génevois, pour être entièrement justes à leur égard, nous

VILLE DE GENÈVE.

ne devons pas oublier leurs qualités : ils sont francs, laborieux, profonds, bons calculateurs, bons époux et bons pères de famille.

L'amour des sciences n'est pas l'apanage des seuls hommes à Genève ; la lecture y est le délassement des deux sexes, et de tous les âges, comme de toutes les classes. Ce goût est peu alimenté par une bibliothéque publique, habituellement fermée au public, excepté le mardi à 10 heures du matin. Je n'ai jamais réussi à la voir, n'ayant pas eu le bonheur de rencontrer le moment favorable. On m'a assuré qu'elle renfermait 40,000 volumes et beaucoup de manuscrits.

Le goût des arts est d'un autre côté faiblement entretenu par un petit muséum de peinture, où je n'ai distingué aucun vraiment bon tableau, pas même ceux de M. de Saint-Ours, le Raphaël de Genève. M. Toffer y cultive aujourd'hui avec succès le genre flamand.

Cette ville renferme un jardin public de botanique, plusieurs cabinets particuliers d'histoire naturelle, dont les principaux sont ceux de MM. de Saussure, du Luc et de Boissier, quelques cabinets littéraires et un manége d'équitation.

L'horlogerie est l'art universel et presque national des Génevois, qui ont fabriqué jusqu'à 30,000 montres par an. Ils se livrent aussi beaucoup au commerce de la bijouterie, ainsi qu'à celui de la banque et de la commission, singulièrement favorisé par la situation de cette ville entre la France, la Suisse et la Savoie. La librairie a été long-temps une de ses principales branches de commerce, à laquelle a porté un coup funeste la liberté de la presse en France. Une belle manufacture de toiles peintes est établie dans le quartier Saint-Gervais, au bord du lac. Sur la rive opposée, dans le quartier de la Cité, sont trois ports, dont le plus considérable, celui du Molard, présente par le concours des barques de Genève, de la Suisse et de la Savoie, le mouvement et l'apparence d'un petit port de mer. Tout respire l'industrie et l'activité dans cette intéressante ville. Elle possède outre d'excellentes auberges et de bons cafés, plusieurs maisons de bains sur le lac, sur le Rhône et sur l'Arve.

Comme la république de Berne avait ses ours, celle de Genève avait ses aigles, qu'elle a repris en recouvrant sa liberté. On les nourrit dans une cage de fer, placée sur les bords du lac, à côté des boucheries.

La réunion de cette ville à la France pendant vingt ans, en la privant de sa liberté, paraît l'en avoir dédommagée par l'accroissement de son commerce, ainsi que de sa population, qui, durant cette époque, s'est élevée à 25,000 âmes, non compris son territoire qui en renfermait 5 à 6000. Ce territoire n'est pas aussi riche qu'il le paraît : c'est un fonds de gravier caillouteux, plus propre à la culture de la vigne qu'à celle du blé, et plus fertilisée que fertile.

Si la ville a perdu 2 ou 3000 habitans depuis la restauration de la France, qui a été aussi celle de Genève, le territoire en a gagné environ 12,000 par le dernier traité de Paris. La population totale de cette république est aujourd'hui évaluée à 40,000 individus, dont 18,000 dans le territoire, qui, tout agrandi qu'il a été, ne suffit pas encore aux besoins de la métropole. Comment avec ses faibles ressources a-t-elle pu parvenir au point de splendeur où elle se maintient depuis plusieurs siècles. Ces recherches appartiennent à l'histoire, et ne peuvent, quelque intéressantes qu'elles soient d'ailleurs, trouver ici leur place.

Nous nous bornerons à dire que Genève est la plus ancienne ville de la Suisse, et l'une des plus anciennes de l'Europe, puisqu'elle existait déjà sous le même nom comme ville des Allobroges, au temps de Jules César, qui en parle en ces termes dans le 1er. livre de ses Commentaires : *Extremum oppidum Allobrogum est proximumque Helvetiorum finibus Geneva*. Il ajoute qu'il fit rompre le pont construit sur le Rhône dans cette ville, afin d'arrêter la marche des Helvétiens.

Après la chute de l'empire Romain, cette ville appartint successivement aux Bourguignons, aux Francs, aux empereurs d'Allemagne, à des seigneurs particuliers qui portaient le titre de comtes de Genève, puis à ses évêques, et enfin à elle-même, s'étant soustraite à l'autorité épiscopale, en même temps qu'à celle de Rome ; car, comme elle avait été l'une des premières de l'Europe à embrasser le christianisme, elle fut aussi une des premières à embrasser la réforme.

Son alliance avec les cantons de Berne et de Fribourg, et plus encore la protection du gouvernement français, la maintinrent dans son indépendance, jusqu'aux circonstances extraordinaires qui l'en ont privée temporairement de nos jours.

Dès qu'elle l'a eu recouvrée, le premier usage qu'elle en a fait a été d'améliorer son ancienne constitution aristocratique, en y apportant les modifications dont l'expérience avait fait sentir la nécessité. La constitution qu'elle s'est donnée dans le mois d'août 1814, a supprimé toutes les distinctions civiles, par cet article fondamental : « La constitution ne » reconnaît ni patriciens ni classes privilé- » giées ; tous les Génevois sont égaux devant la » loi ». La république de Genève fait aujourd'hui partie des vingt-deux cantons Helvétiques.

Nous ne devons pas quitter cette ville sans faire connaître, sinon tous les illustres écrivains qu'elle a produits, du moins les plus distingués. Celui que nous citerons le premier, en suivant l'ordre, non des dates, mais de la célébrité, est Jean-Jacques Rousseau. Le lecteur classera lui-même les suivans, pour lesquels nous n'observerons d'autre ordre que celui des temps : Tronchin et Bonnet, grands médecins du dix-septième siècle ; Burlamaqui et Mallet du Pan, célèbres publicistes du dix-huitième ; Bonnet et Saussure, non moins célèbres naturalistes du même siècle, et le fameux ministre Necker, qui, jeté, à cette orageuse époque, sur notre théâtre politique, a été si diversement jugé. MM. Bérenger et Picot, historiographes de Genève, méritent aussi une place dans cette honorable liste. Plusieurs savans de nos jours illustrent encore cette ville. Nous ne nommerons que les MM. Pictet, de Luc, de Boissier, Sismondi, et la célèbre madame de Staël.

L'érudit Casaubon, qui a reçu le jour à Genève, où ses parens s'étaient réfugiés, était Dauphinois d'origine. Calvin, qui y a joué un si grand rôle, était aussi un réfugié français.

Nous avons vu que cette ville, si intéressante par son commerce, son industrie, son gouvernement, et ses succès dans les diverses sciences, l'est peu par elle-même, considérée sous le rapport physique; mais sous ce même rapport, elle dédommage amplement les étrangers par sa fraîche et riante enceinte d'ombrage et de verdure, par l'élégance et la multiplicité de ses maisons de campagne, par le charme répandu dans ses rians environs, enfin par la variété des sites et des aspects. Tout est perspective, tout est paysage et promenade autour de Genève : celle de Plein-Palais, située hors de la Porte-Neuve, entre les remparts et l'Arve, est la plus considérable et la plus fréquentée de cette ville. C'est un vaste tapis de gazon bordé d'arbres antiques et majestueux, qui sert de place d'armes.

Un peu plus loin est la ville de Carrouge, agrandie et embellie par le dernier duc de

Savoie, pour l'opposer à celle de Genève, qui vient d'en accroître son domaine par le dernier traité de Paris. Les étrangers arrivés à l'extrémité de Plein-Palais, aiment à pousser leur promenade jusqu'à cette ambitieuse rivale de Genève, dont les larges rues et la construction régulière annonçaient de grands projets restés sans effet. Elle est sur la rive gauche de l'Arve, qui sépare le territoire de Genève de celui de la Savoie. On aime aussi à s'abandonner, de l'autre côté de la même promenade, au sentier solitaire et tortueux qui conduit en un quart d'heure au confluent de cette rivière avec le Rhône. « Le fleuve, » dit M. de Saussure, semble vouloir éviter cet » impur mélange ; il se range contre la rive » opposée, et l'on voit dans un long espace ses » eaux bleues et transparentes couler dans un » même lit, mais séparées des eaux grises et » troubles de l'Arve ».

Cette rivière, qui vient de la vallée de Chamouny, roule, avec tous les torrens que vomit le versant septentrional du Mont-Blanc, tous les débris des divers monts qui bordent cette vallée. Aucun lac ne reposant et ne purifiant ses eaux, elle arrive avec toute son impureté et toute sa furie dans le Rhône, calmé et purifié lui-même par le Léman. Elle enfle tout à coup ce fleuve, le trouble, l'irrite, et doit être seule accusée des ravages qu'il commet après cette jonction.

Le mont Salève est encore un objet d'excursion pour les amateurs des promenades de montagnes et des beaux points de vue. Les bords du flanc escarpé qui termine brusquement ce mont du côté de Genève, offrent une magnifique perspective de cette ville et de son territoire, du lac Léman, et des riches plaines du Chablais qui le bordent au sud, et des riches collines du pays de Vaud, qui le bordent au nord, et des noires croupes du Jura qui couronnent de ce côté l'horizon.

Parmi les nombreuses maisons de campagne qui animent et embellissent le territoire génevois, et qui sont aux jours de fête des buts de promenade pour les familles auxquelles elles appartiennent, la plus intéressante pour les voyageurs, moins par elle-même que par son site, et moins encore par son site que par son illustre fondateur, est celle de Ferney.

Les deux rives du lac offrent encore une double et charmante promenade. Enfin, on exécute sur le lac même d'agréables courses nautiques, dont les Génevois sont extrêmement amateurs, et qu'ils offrent aux étrangers comme un des principaux agrémens de leur ville. Elles fournissent aux curieux l'occasion de visiter le roc isolé qu'ils remarquent avec étonnement au milieu du lac, non loin de la sortie du Rhône : c'est le bloc de granit connu sous le nom de pierre à Niton, duquel nous parlerons en décrivant le lac Léman.

Nous avons vu et décrit Ferney, en parcourant la 1re. route de Paris à Genève : nous allons voir et décrire le lac, en parcourant celle de Paris à Milan.

Mais de toutes les excursions à faire de Genève, la plus intéressante et surtout la plus instructive est celle de Chamouny. Elle est de 18 lieues. C'est encore à la route de Milan que nous en renvoyons la description, l'ayant exécutée nous-même de Martigny, petite ville du Valais, où l'on est beaucoup plus près de la vallée de Chamouny qu'à Genève, d'autant plus que c'est dans la carte de cette route que nous avons placée la vallée de Chamouny et les chemins qui y aboutissent.

Fin de la ville de Genève.

COMMUNICATION

DE TROYES A SENS,

Formant une 2ᵉ. Route de Paris à Troyes,

16 lieues.

———

	lieues.
§ 1ᵉʳ. *De Troyes à Estissac*.	5

PLAINES craïeuses et par fois sablonneuses : champs entremêlés de vignes. Estissac, qui porte aussi le nom de Saint-Liébaud, est un bourg, chef-lieu de canton, qui a un bureau de poste, une papeterie, et une population de 1000 à 1200 habitans.

———

§ 2. *D'Estissac à Villeneuve-sur-Vanne*. . . . 5.

Bassin agréable et assez fertile le long de la Vanne, qui arrose de vastes prairies. De l'autre côté de cette rivière s'élèvent des croupes, en dos d'âne. Les forêts qui les couvrent approvisionnent une partie de la Champagne Pouilleuse. J'ai rencontré plus de 100 chars de bois sur la route, qui généralement roulante, est ombragée de deux belles rangées d'ormes et de peupliers d'Italie. Elle traverse vers le quart de la distance, le village de Villemaur, et franchit vers les trois quarts, la limite des deux départemens de l'Aube et de l'Yonne.

Villeneuve-sur-Vanne est une petite ville agréable et bien percée. Elle a des fabriques de drap commun, des tanneries, un bureau de poste et 2000 habitans. Son territoire est très-fertile : il rend 7 à 8 pour 1. (1) — *Parcouru depuis Troyes*. . . . . lieues. 10

---

§ 3. *De Villeneuve-sur Vanne à Malais.* . . . 4
§ 4. *De Malais à Sens.* 2

Même nature de contrée généralement fertile; chemin moins roulant : il continue à longer la rive droite de la Vanne. A une lieue on traverse le village de Foissy, qui porte le titre de bourg, avec une population de 7 ou 800 habitans. Malais, qui avait autrefois un relais, est un simple hameau. — *Parcouru depuis Troyes jusqu'à Sens*. 16

COMMUNICATION

D'AVALON A VITTEAUX PAR SEMUR,

Formant une 4ᵉ. Route de Paris à Dijon.

13 lieues.

---

                lieues.

§ 1. *D'Avalon à Epoisse*............ 5
§ 2. *D'Epoisse à Semur*............ 3

Peu de voyageurs préfèrent cette 4ᵉ. route de Dijon à la 3ᵉ., par Rouvrai, vu qu'elle présente, avec quelques parties non confectionnées, une lieue de plus à parcourir. Elle part de Cussy-les-Forges, ancien lieu de relais, entre Avalon et Rouvrai, et là, tournant rapidement à gauche, elle va gagner les riches plaines d'Epoisse, en traversant, à des distances à peu près égales, les trois hameaux de Saint-André, Savigny et Toutry, et dans ce dernier, sur un méchant pont de pierre, la rivière du Serain qui sépare les deux départemens de l'Yonne et de la Côte-d'Or. Epoisse est un village d'environ 1000 habitans : il est renommé pour la fertilité de son territoire, et pour la grande

COMMUnication D'AVALON A VITTEAUX. 179
quantité de grains, surtout d'avoine, qu'on y récolte. Le froment y rend 12 pour 1.

Le très-gothique château de ce village paraît avoir été aussi très-fort; il serait même encore capable de quelque résistance par ses murs et ses fossés pareils aux murs et aux fossés de nos citadelles. La seigneuresse qui le possède aujourd'hui veut qu'il ait appartenu à la reine Brunehault. Ce village n'offre plus rien de remarquable, non plus que le reste de la route, jusqu'à Semur.

Semur. La fécondité du sol diminue un peu en approchant de cette ville, située sur l'Armançon, qui la sépare de son faubourg. Cette rivière y roule ses eaux dans un lit de granit extrêmement profond qu'elle s'est creusé elle-même, entre deux escarpemens à peu près verticaux. Un pont hardi jeté d'une rive à l'autre, réunit le faubourg à la ville, et semble par son élévation réunir aussi deux montagnes.

Du haut de ce pont on remarque à gauche dans le jardin en terrasse de M. Joly, une statue colossale de Jason, qui vue de loin fait un effet plus extraordinaire que de près. Elle est en pierre de Tonnerre.

La ville de Semur, généralement bien bâtie et assez bien percée, offre plusieurs jolis hôtels dans le quartier où est établie la sous-préfecture, qui en occupe un fort beau elle-même. Des maisons la plupart neuves ou rajeunies par la crépissure et toutes bien entretenues; des rues propres et plusieurs agréablement pavées en dos d'âne; des promenades belles et aërées; une ancienne église dont une porte latérale se fait remarquer par son cintre, où sont représentés en relief les travaux de chaque mois et le trait historique de la mort du comte Dalmace, tué par son gendre Robert, premier duc de Bourgogne; un ancien donjon composé de quatre grosses tours rondes, qui font un merveilleux effet gothique; enfin une situation des plus pittoresques sur les rives hautes et escarpées de l'Armançon, tel est en abrégé le tableau de la petite ville de Semur, qui peut être regardée comme une grande ville, quant au ton et à la société.

Cette ancienne capitale de l'Auxois, peuplée de 4 à 5000 habitans, comptait un grand nombre de familles nobles et plus de vingt équipages, extrèmement réduits, comme on pense bien, par la révolution. Elle possède avec une sous-préfecture, un tribunal civil, un collége, une petite bibliothéque publique, une petite salle de spectacle, le dépôt de mendicité du département, de beaux cafés, de bonnes auberges et une manufacture de draps. Elle fait le commerce des productions du pays, qui sont les laines, les chanvres et les grains. Les grenouilles de Semur ont de la renommée. On m'a assuré qu'il s'y en vend pour quinze ou vingt mille francs chaque année, et que cette pêche est une des ressources du pays.

Après la mort du dernier duc de Bourgogne, la ville de Semur fut prise par Charles d'Amboise, lieutenant du roi Louis XI en Bourgogne. Ce fut la seule de cette province qui resta fidèle à Henri IV pendant la ligue, et ce fut pour récompenser son zèle que ce roi y convoqua les états de Bourgogne en 1590, et y transféra en 1592 le parlement de Toulouse, qui y siégea jusqu'à la paix.

Elle a vu naître Charles Fevret, mort à Dijon en 1661, auteur de divers ouvrages en prose et en vers, dont le plus connu est le Traité de l'Abus, et Claude Saumaise, érudit du dix-septième siècle, auteur d'un grand nombre d'ouvrages latins, et mort à Spa le 3 décembre 1653. La ville de Semur fut brûlée et réduite en cendres la même année où il vit le jour, ce qui fit dire à un lourd et emphatique panégyriste, que « cet incendie fut un présage de ses vastes lumières, comme l'incendie du temple d'Ephèse l'avait été du courage d'Alexandre ».

Cette ville est située au point du partage des terres primitives et secondaires : les premières renferment le granit et le cristal de roche, et les secondes, divers fossiles, principalement les cornes d'ammon. — *Parcouru depuis Avalon*.. ^{lieues.} 8

---

§ 1. *De Semur à Vitteaux.* 5

Route vicinale et non entretenue; plaine inégale et peu intéressante : bonnes terres à blé : peu de vignes. Vers le milieu de la distance, on traverse deux fois le canal de Bourgogne, et vers les deux tiers, on rejoint la route de Rouvrai à Dijon.

(*Voyez cette route,* page 81.)

Parcouru depuis Avalon. 13

COMMUNICATION
DE SAULIEU A SEMUR.

6 lieues.

	lieues.
§ 1er. De Saulieu à la Maison-Neuve....	3
§ 2. De la Maison-Neuve à Semur......	3

CONTRÉE montagneuse et terres à seigle dans la première distance : plaine monotone et terres à froment dans la seconde, au tiers de laquelle on longe à droite le joli château et le vaste parc de Brière, charmante habitation du général Heudel, construite par M. de Montigny, ancien trésorier des états de Bourgogne, qui y dépensa, dit-on, deux millions. Aux deux tiers, on traverse le village de Courcelle. (*V. pour la description de Semur la communication d'Avalon à Vitteaux*, page 178.)

COMMUNICATION
DE SEMUR A CHATILLON.

11 lieues.

___

	lieues.
§ 1er. *De Semur à Montbard*.	4

BELLE route, quoique un peu montueuse, comme la contrée : au bout d'une demi-lieue, trajet de l'Armançon sur un pont de pierre ; deux lieues plus loin, village de Montigny, remarquable par les ruines extrêmement pittoresques de son ancien château. Aucune autre habitation, dit avec raison M. Millin, ne peut donner une idée plus exacte de la demeure d'un paladin. On arrive par une assez longue descente à Montbard, petite ville déjà décrite, (*v*. 2e. *route de Paris à Dijon*, pag. 73.)

___

§ 2. *De Montbard à Châtillon-sur-Seine*. . .	7

Route toujours montueuse : elle traverse les bois de Montbard : ils règnent pendant une lieue et demie, à quelques interruptions près, comme la plaine de champs calcaire qui est à la suite est elle-même interrompue de temps en temps par quelques portions de forêts. On trouve vers le quart de la distance, le village d'Etai ; vers le milieu, celui de Coulmier ; et vers les trois quarts celui d'Ampilly. L'avoine est la culture dominante. (*Pour la description de Châtillon, v.* 1re. *route de Paris à Dijon*, page 36.)

— *Parcouru depuis Semur.* . . . .   lieues.
  11

COMMUNICATION

DE DIJON A CHALONS-SUR-SAONE.

17 lieues et demie.

	lieues.
§ 1. *De Dijon à la Baraque*........	3
§ 2. *De la Baraque à Nuits*........	3

Cette communication forme sur le livre de poste une troisième route de Paris à Lyon, plus longue de sept lieues et demie que la 1re. par Auxerre, et de six lieues que la 2e. par Moulins. Elle traverse la plus belle et la plus intéressante partie de la Bourgogne, celle qui en produit les vins les plus estimés. Tous les crus célèbres, dont les noms, chers aux gourmets des divers pays, figurent le plus honorablement sur les cartes de nos restaurateurs, nous allons les voir passer successivement sous nos yeux, en longeant cette fameuse côte, que la richesse de ses vignobles a fait surnommer *Côte-d'Or*. Ce beau nom est devenu celui du département.

Après avoir franchi, en partant de Dijon, la *rivière d'Ouche* et le canal de Bourgogne sur un joli pont, en face duquel se font remarquer le beau fer à cheval et la grille de l'hôpital, on parcourt, sans interruption, une vaste plaine, couverte d'abord de champs entremêlés de vignes, ensuite de vignes entremêlées de champs. Développée à perte de vue sur la gauche, elle se termine à moins d'un quart de lieue sur la droite, par la côte calcaire qui produit les vins renommés dont je viens de parler. Ils ne commencent véritablement qu'à Gevrey, cinquième village qu'on remarque à droite depuis Dijon; il est près du joli hameau de la Baraque, qui en dépend. C'est dans ce hameau qu'a été placé le bureau de poste.

La route assez belle, quoique sujette aux boues, se rapproche de la côte après la Baraque, et participe un peu de ses inégalités. Au bout d'une demi-lieue, on longe à peu de distance le fameux vignoble de Chambertin, dépendant du territoire de Gevrey, et un quart de lieue plus loin, celui de Morey, dépendant du joli village de ce nom.

On voit aussi, un peu plus loin de la route, et au pied de la même côte, le village de Chambolle, dont les vignobles produisent un vin léger et délicat, ensuite le village, et immédiatement après le célèbre Clos-de-Vougeot qu'on longe à droite, et qui est, pour les vins de Bourgogne, ce qu'est Château-Margaux pour les vins de Bordeaux. Il ne contient que 149 journaux de vignes, et ne produit année commune, que 300 pièces de vin, quoiqu'il s'en vende bien davantage sous ce nom. Il en produisait encore moins entre les mains des moines de Citeaux, qui possédaient ce riche vignoble avant la révolution, et qui sacrifiaient tout à la qualité, tandis que les nouveaux propriétaires sacrifient tout, au contraire, à la quantité, s'il faut en croire aux *on dit* du pays. Comme la partie du clos qui borde la route, est dans la plaine, et la partie opposée, dans le coteau, il en résulte deux différentes qualités de vin; et, pour ne pas les mélanger, les moines fesaient leurs vendanges par bandes longitudinales, prises dans le sens du coteau, qui s'étend du nord au midi. On assure que les nouveaux acquéreurs, pour n'avoir qu'une seule qualité de vin, prennent leurs bandes dans le sens opposé, c'est-à-dire, du levant au couchant, et du haut en bas de la colline

Après Vougeot on traverse le *finage* de Vosne, où se trouvent le fameux *climat* de la Romaney et de Richebourg (*).

(*) J'emploie en lettres italiques les mots consacrés dans le pays. Si celui de *finage* l'est aussi dans la langue, quoique moins usité que le mot *territoire* dont il est à

Nuits est une petite ville située au pied de la côte, sur le Meuzain, et peuplée de 2500 habitans. Elle n'a rien de remarquable ni rien d'intéressant que les fameux vins de son territoire, dont elle fait un grand commerce. La célébrité de ce vin est due au médecin de Louis XIV, Fagon, qui l'ordonna à ce monarque, comme stomachique par excellence. Les eaux de cette ville partagent dans le pays, la célébrité de ses vins. Elles sont excellentes pour la trempe, mais peu abondantes.

A deux lieues vers l'ouest, dans une gorge d'où sort la petite rivière du Meuzain, près de Villar-Fontaine, est l'établissement de Pélerey, consacré autrefois à une fonderie, maintenant à une fabrique de soude, et de ce vinaigre de bois, qui a été le sujet d'une discussion polémique entre l'institut et l'académie de Dijon; discussion dans laquelle le maire se prononça pour, et le préfet contre l'académie. En se rendant à cet établissement, on trouve à mi-chemin une papeterie.

A deux lieues vers l'est, était l'ancienne abbaye de Citeaux, chef-lieu d'un ordre célèbre

---

peu près synonyme, celui de *climat* employé dans le même sens est une expression purement locale et grammaticalement étrangère à sa véritable signification.

dont l'abbé ne relevait que du pape, et jouissait de plus de 120,000 francs de rente. Cette abbaye, fondée en 1098, à l'aide des libéralités d'Eudes, premier duc de Bourgogne, par Saint-Robert qui en fut le premier abbé, a compté parmi ses religieux, St.-Bernard et quatre papes, savoir : Eugène III, Grégoire VIII, Célestin IV et Benoit XII. Les bâtimens sont en grande partie détruits. L'église en était vaste et belle; plus de cinquante princes ou princesses de la première race des ducs de Bourgogne y ont été enterrés. La forêt a subi aussi des dégâts considérables.

A un quart de lieue ouest de Nuits, dans la Combe de Pernant, est une fontaine remarquable par sa cascade et ses pétrifications. — *Parcouru depuis Dijon*. . . . . lieues 6

§ 3. *De Nuits à Beaune*. 3½

Même nature de route plate et de contrée calcaire. On a toujours à droite, la côte vineuse qui règne depuis Dijon; et à gauche, une plaine à perte de vue, qui produit avec beaucoup de grains, des vins sans renommée. La côte, outre ses excellens vins, fournit aussi une bonne qualité de pierre, qu'on regarde comme une espèce de marbre, et qu'on polit de même.

Au bout d'une demi-lieue, on trouve le village de Prémeaux, dont l'étymologie vient, dit-on, de premières eaux. Celles de la fontaine de Courtenvaux, sont réputées apéritives ; on en fait usage intérieurement et extérieurement. On extrait dans ce village, une espèce de marbre dit de *Prémeaux*. Un quart de lieue plus loin, on trouve Comblanchien, autre village, dont les vins ne sont renommés que comme vins d'ordinaire, et une lieue au-delà, celui de la Douhai, traversé par une petite rivière du même nom. Peu après, on laisse à droite, au pied de la côte, celui d'Aloxe, où est le fameux cru de Corton, réputé dans le pays égal au Clos-Vougeot; ensuite, un peu plus loin, le bourg de Savigny, connu aussi par ses bons vins, dont la réputation n'est guère que locale. Celle des vins de Beaune est aussi étendue qu'ancienne.

Beaune. Cette ville donne son nom à tous les vins qu'elle expédie, et elle expédie tous ceux de la Côte-d'Or. Elle est assez bien bâtie ; les rues en sont propres et lavées par une eau courante de la fontaine de l'Aigue, qu'on voit sourdre au bout de la promenade dite : *la Petite-Butte.*

D'autres promenades bien plus remarquables, sur les remparts et au dehors, contribuent à l'agrément de cette ville ainsi que des voyageurs. On y remarque aussi des abreuvoirs construits avec luxe, et plus encore un jardin anglais nouvellement planté et très-beau ; il m'a paru d'une grandeur disproportionnée avec celle de la ville, « ce qu'on a fait tout exprès (m'a dit un Beaunois), pour qu'il y entrât plus de monde ».

Les étrangers n'y remarquent pas, mais ils y demandent le pont fameux qui, d'après l'inscription rapportée par Piron, *a été fait ici*. Il n'a effectivement rien de remarquable que cette anecdote sur laquelle les Beaunois se défendent vivement, en accusant de calomnie et de faux matériel leur détracteur. L'inscription, disent-ils, portait : *Hic pons factus est, anno*, etc. ; ce pont a été fait en l'an, etc. Le malin Piron mit, ou fit mettre un accent circonflexe sur l'*i* de *hic*, qui, de pronom démonstratif, devenu adverbe de lieu, signifia *ici*, et donna à la phrase latine, le sens que sa malignité voulait lui trouver.

Beaune renferme un bel hôpital gothique, fondé par Nicolas Rollin, chancelier de Philippe, duc de Bourgogne. C'est de lui que Louis X disait : « Il est juste qu'ayant fait tant de pauvres, il construise un hôpital pour les loger ». On en montre dans une des salles le plan exécuté en relief et en paille. L'église de Notre-Dame renferme un bel autel en marbre du pays, de cinq qualités différentes. Les principales carrières d'où on l'extrait sont celles de Saint-Romain.

Cette ville, peuplée de 9 à 10,000 habitans, est le siége d'une sous-préfecture, d'un tribunal civil et d'un tribunal de commerce. Il y a un collége, une petite bibliothéque publique de dix mille volumes, une salle de comédie, un bel établissement de bains, de bons cafés, de bonnes auberges et une fabrique de bière. L'expédition des vins y occupe quatre-vingts maisons, et il en part chaque année, l'une portant l'autre, de trente à quarante mille pièces, tant pour l'intérieur que pour l'étranger. Les prix roulent, suivant les qualités et les années, entre 200 et 2000 francs la queue, composée de quatre feuillettes. C'est la principale branche de commerce de cette ville, qui possède aussi des fabriques de draps, serges et droguets, des teintureries et des coutelleries. Elle a une foire de huit jours, qui commence le 12 novembre.

Les habitans sont généralement actifs et industrieux. Ils passent aussi pour bons et francs, ce qui leur a valu les plaisanteries qui tendent à convertir en simplicité, même en niaiserie, une vertu trop rare dans la société, surtout dans les affaires. La candeur ne nuit point aux facultés intellectuelles, et fût-elle même poussée jusqu'à la naïveté, elle ne peut qu'embellir le commerce de la vie.

Quoi qu'il en soit, celui qui entreprendrait de réhabiliter sous ce rapport la réputation des Beaunois, grièvement compromise par les nombreuses épigrammes de Piron, s'imposerait une tâche difficile. M. Millin s'en est mal acquitté, quoiqu'il les ait traités avec indulgence sur un fait bien plus grave que ceux qu'il a sévèrement reprochés aux Autunois, concernant leurs antiquités ; puisqu'il raconte, sans se fâcher, qu'on avait trouvé à Beaune, dans le lit de la Bouzoise, quelque temps avant son passage, un grand nombre de médailles d'or ; qu'il y en avait pour 60,000 francs ; qu'on refusa l'offre de quelques particuliers qui proposaient d'en payer le poids, et que toutes ont été fondues, malgré les réclamations de M. Guiraudet, alors préfet du département. J'avoue que ce sang-froid m'a fort étonné, en le comparant à la mauvaise humeur du même antiquaire contre les Autunois pour n'avoir pas su soustraire leurs antiquités aux ravages des barbares et des siècles. Malgré cette extrême indulgence, M. Millin n'a pu échapper au ressentiment des Beaunois, pour n'avoir dit cependant autre chose sinon, qu'après avoir entendu parler tant de fois des naïvetés qu'on leur prête, il lui a été difficile de se défendre d'un peu de prévention ; que dans le temps qu'il a passé à Beaune, rien n'a été propre à la faire cesser, et qu'il lui semblait que personne ne répondait juste à ses questions. Il a beau chercher à corriger tout ce qu'il vient de dire par tout ce qu'il dit ensuite, et par la censure qu'il fait du voyageur anglais, connu pour avoir attribué à toutes les femmes de Blois les défauts de son hôtesse, exemple qu'il se propose bien de ne pas imiter, et par le proverbe bannal *qu'il n'y a pas de règle sans exception*, le coup était porté, et M. Millin a été réduit à subir, en expiation de ses torts, toute la rigueur de l'épigramme suivante, qui nous paraît du crû de Beaune. Nous l'avons puisée dans le Journal d'Autun du 4 septembre 1807 :

Les Beaunois, j'en conviens, mon cher monsieur Millin,
Quand vous vîntes chez eux, ont fait une ânerie ;
Au lieu de vous verser de ce nectar divin,
Qu'on recueille avec soin sur leur côte chérie,

Si l'on vous eût tout droit conduit à l'abreuvoir,
Qu'on vous eût étrillé le soir ,
Vous eussiez dit alors dans votre rapsodie :
A Beaune on sait très-bien distinguer le génie.

Ce sévère châtiment, fait pour effrayer tous les rieurs présens et à venir, qui passeront à Beaune, nous laisse à peine à nous-même le courage d'avouer confidentiellement à nos lecteurs, derrière M. Millin, que nos préventions n'ont pas été plus détruites que les siennes, pendant nos divers séjours dans cette ville, et que nous avons cru en trouver au contraire la confirmation dans diverses réponses, dont la plus piquante est celle qui a été déjà citée au sujet du jardin anglais ; nous ne l'altérons en rien : le maître de poste s'étant modestement méfié de ses propres forces pour nous servir lui-même de *Cicerone* dans sa ville, avait chargé de cette fonction son huissier qui était l'érudit du faubourg. Les naïvetés de ce dernier m'avaient déjà frappé plusieurs fois, lorsque mon étonnement de trouver à Beaune un plus grand jardin public qu'à Dijon, provoqua sa réponse : *qu'on l'avait bien fait exprès.* J'aurais regardé mon conducteur comme un plaisant, et je soupçonnai même un instant qu'il voulait rire ; mais lorsque je lui demandai le pourquoi de ce *fait exprès*, il me répondit avec une telle naïveté, *pour qu'il y entrât plus de monde*, que songeant à toutes les autres réponses par lesquelles il avait préludé à celle-là, et me rappelant en même temps que j'étais à Beaune, j'ai fini par en croire à mes oreilles, dont le témoignage m'était confirmé par celui de mes yeux, car son extérieur ne démentait pas ses discours.

Si le récit *naïf* de cette *naïveté* Beaunoise m'exposait au courroux dont M. Millin a ressenti les sinistres effets, il ne me servirait de rien d'accorder à cette ville quelques savans nés dans son sein. Les plus célèbres sont M. Monge et M. Pasumot. J'en ai connu personnellement quelques autres qui présentent l'heureux assemblage de la candeur et des talens, réunion qui prouve à la fois, et qu'il faut toujours payer quelque tribut au terroir de Beaune, et que ce terroir n'exclut pas le talent (*). — *Parcouru depuis Dijon*. . . . .

lieues.
$9\frac{1}{2}$

(*) J'aime à citer dans le nombre M. Millié, qui est en même temps un littérateur plein d'esprit et de goût et l'un des chefs de division les plus distingués du ministère des finances. Chargé successivement d'importantes missions en Portugal, en Italie et en Hollande, il a partout honoré le nom français que tant d'autres déconsidéraient à la même époque.

§ 4. *De Beaune à Chagny*. 4

On traverse la Bouzoise sur le fameux pont de Beaune, dont nous avons parlé; et l'on voit, au sortir de la ville à droite, le village renommé de Pomard, où l'on remarque deux jolies maisons de campagne. Un peu plus loin, est celui de Volnay, qui présente un aspect agréable. Ces noms de deux beaux villages, sont aussi ceux de deux crûs célèbres et chers à tous les gourmets.

Vient ensuite Meursault, autre grand village qui porte le titre de bourg, et dont le territoire est réputé pour les vins blancs; celui de Monthélie qu'on remarque au-dessus, à mi-côte, ne produit que des vins de seconde qualité. Ce dernier est sur la droite de la route de Beaune à Autun. Plus loin, sont les crûs renommés de Chassaigne, où l'on distingue le clos du mont Rachet qui fournit, dit-on, le premier vin blanc de Bourgogne. Après Chassaigne, la métairie de Morgeot offre une qualité supérieure de vin rouge, dont les prix suivent ceux de Volnay. Une petite lieue avant Chagny, on traverse le village de Corpaux.

Les vignobles fameux que nous n'avons cessé de côtoyer en longeant le pied de la riante Côte-d'Or, nous abandonnent entièrement, et font place aux crûs ordinaires. Telle est la qualité de ceux de Chagny, petite ville où l'on arrive peu après avoir laissé à droite la route d'Auxerre, par Arnay, et avoir traversé, avec la petite rivière de Dheune, la limite des deux départemens de la Côte-d'Or et de Saône-et-Loire.

Un continuel rideau de verdure, nuancée par celle des arbres et des haies vives, et entrecoupée de nombreux villages, dont les maisons blanches tranchent admirablement sur le tapis vert des vignobles, véritable source de la prospérité du pays; tel est, avec la vue des Alpes que l'on découvre de toutes les parties de la route, l'intéressant tableau que nous venons de voir se dérouler à nos regards depuis Dijon. La route est toujours dans la plaine, qui n'est guère moins couverte de vignes que la côte même, surtout depuis Beaune jusqu'à Chagny ; mais les vins de la plaine sont à ceux de la côte, ce que le cuivre est à l'or, auquel il ne ressemble que par la couleur, et leur prix diffère presque autant que celui de ces deux métaux. La plaine que nous parcourons, et qui rend en froment 7 à 8 pour 1, dans le territoire de Nuits, ne rend que 4 à 5 dans celui de Beaune où elle est plus pierreuse.

Chagny est une petite et assez jolie ville de

2500 habitans, que les géographes ne qualifient que de bourg. La réunion de diverses routes, et le passage du canal du centre, lui procurent une grande activité. Tout y est auberge ou cabaret. Elle fait un commerce considérable en excellens vins d'ordinaire. On y remarque le beau château de M. de Clermont, devenu la propriété de M. Audifret, ancien négociant. Au centre du bâtiment, est une belle rotonde. — *Parcouru depuis Dijon.*   lieues. 13 $\frac{1}{2}$

§ 5. *De Chagny à Châlons.* 4

Plaine continuelle. Nous avons abandonné les crûs célèbres de la Côte-d'Or avant Chagny ; nous abandonnons la côte même après cette ville, pour suivre une plaine dépourvue de tout autre intérêt que la forêt de Beauregard, qu'on longe à gauche pendant la première lieue, et le canal du centre qu'on traverse deux fois, d'abord au milieu, ensuite aux trois quarts de la distance. (*V. pour la description de Châlons, la* 1re. *route de Paris à Lyon ; et pour l'aperçu du département de Saône-et-Loire, la dernière note ci-après.*) (2).

Parcouru depuis Dijon jusqu'à Châlons. . . . 17 $\frac{1}{2}$

COMMUNICATION
DE BEAUNE A DOLE.
14 lieues.

	lieues.
§ 1. *De Beaune à Moisey*.	3
§ 2. *De Moisey à Seurre*.	3

Plaine de champs très-unie et assez fertile : vue continuelle des Alpes, quand le temps est clair. On les distingue mieux à mesure qu'on avance. Le relais de Moisey est dans une ferme isolée. Il était autrefois dans le village de Corberon, qu'on traverse un quart de lieue plus loin. On trouve celui de Labergement, une demi-lieue avant la route de Dijon, à laquelle celle que nous suivons va s'embrancher, en tournant rapidement à gauche. On parcourt cette dernière partie de la distance sur une levée continuelle, qui mène au pont de la Saône, et forme l'avenue de Seurre, petite ville de 2400 habitans, située de la manière la plus heureuse sur la rive droite de cette rivière. Assez bien bâtie en briques, elle n'a de remarquable qu'un beau château dans la construction duquel M. de Française voulut, à son retour d'Angleterre en France, donner un échantillon des châteaux anglais. Le grand et beau parc de ce château tient lieu de promenade publique aux habitans. Le commerce de cette petite ville consiste dans les productions du pays, qui sont le blé et le foin. C'est sous ses murs que les deux factions de la Ligue et de la Fronde vinrent jeter leur dernier soupir.—*Parcouru depuis Beaune*................. | lieues. 6

§ 3. *De Seurre au Grand-Noir*........ 3
§ 4. *Du Grand-Noir à Dôle*......... 5

Même plaine grasse et fertile dans la première demi-lieue, au bout de laquelle la route de Dôle tourne à gauche, en laissant en face celle de Châlons. Une demi-lieue plus loin, on entre par un petit pont qui sert de limite, dans le département de Saône-et-Loire. On ressort pour entrer dans celui du Jura, un quart de lieue après Pourlans, village de 600 habitans, et un peu avant Grand-Noir, autre village qui est à un quart de lieue de la route sur la droite. On y arrive par un chemin extrêmement boueux et difficile en hiver, et l'on ne conçoit pas qu'un relais ait pu être placé d'une manière aussi incommode, lorsque la communication qu'il établit est jusqu'à ce moment tout-à-fait inutile, très-peu de voyageurs prenant cette direction. Elle n'acquerra de l'importance qu'autant que la ligne de poste sera prolongée de Beaune à Autun et d'Autun à Moulins (*).

On trouve le village de Beauchemin au bout d'un quart de lieue ; un quart de lieue plus loin, celui de Chemin où devrait être placé le relais, et à demi-distance celui de Tavaux dont le trajet est d'un quart de lieue, et la population de 1000 habitans.

La route et le pays ne changent point de nature ; c'est une plaine toujours fertile et toujours monotone jusqu'au canal du Doubs, qu'on traverse une lieue avant Dôle, et qui est indiqué sur la carte des ponts et chaussées sous le nom de canal du Rhône au Rhin. — *Parcouru depuis Beaune jusqu'à Dôle*. . . . . lieues. 14

(*) Elle vient de l'être, d'Autun à Moulins, par un arrêté ; il ne manque plus à cette ligne que des relais : ce qui n'est pas le plus aisé, vu le peu de travail qu'elle a eu, pendant sa courte existence, à l'époque de la révolution. Elle se maintiendrait mieux dans des circonstances plus favorables ; mais elle ne peut acquérir une véritable activité qu'autant qu'elle sera prolongée jusqu'à Beaune, pour compléter la ligne, depuis Bordeaux jusqu'à Bâle, ainsi que je l'ai dit dans mon article d'Autun. (*V.* 1re. *route de Paris à Lyon*, p. 48.)

(1) APERÇU
DU DÉPARTEMENT DE L'YONNE.

LE département de l'Yonne a été formé de la partie de l'ancienne Bourgogne, connue sous le nom d'*Auxerrois*. La rivière qui lui a donné son nom le traverse du S.-E. au N.-O., dans sa plus grande longueur, qui est d'environ 35 lieues, sur une largeur moyenne de 20 à 25. Sa population est de 340 à 350,000 âmes, répandues sur un territoire dont l'étendue est évaluée par M. Peuchet à 373 lieues carrées, ce qui ferait près de 1000 habitans par lieue carrée.

Riche de tous les genres de productions, quoiqu'il renferme beaucoup de terres infertiles, il fournit en abondance les vins connus à Paris et dans le commerce, sous le nom de *petite Bourgogne*. Les vignobles tapissent tous les coteaux de l'Yonne, depuis son entrée dans le département jusqu'à sa sortie, ainsi que la plus grande partie de ceux qui règnent le long de l'Armançon, du Serain et d'autres affluens de l'Yonne. Sur les bords de l'Armançon, on recueille les fameux vins rouges de Tonnerre, et sur ceux du Serain, les vins blancs non moins fameux de Chably. Quelques autres crûs, tels que ceux de Coulange et de Vermanton, fournissent aussi les premières qualités ; mais en général les vins de l'Auxerrois ne sont connus que comme bons vins d'ordinaire.

C'est le principal objet de culture et de commerce de ce département. Il trouve encore une ressource considérable dans ses bois qui contribuent pour beaucoup,

APERÇU DU DÉPART. DE L'YONNE.

comme ses vins, à l'approvisionnement de Paris. Les bestiaux que nourrissent ses pâturages sont une troisième et assez importante branche de ses ressources agricoles. Si l'on considère qu'il fournit encore au-delà de sa consommation en grains dans les années ordinaires, et qu'il récolte en outre beaucoup de chanvre, de fruits et de fourrages, on ne peut que lui assigner un rang distingué parmi ceux qui contribuent à la prospérité de la France.

Il est divisé en cinq arrondissemens qui ont pour chefs-lieux Sens, Joigny, Avalon, Tonnerre et Auxerre, siége de la préfecture. Nous avons rencontré toutes ces villes en parcourant les routes sur lesquelles elles se trouvent situées; savoir, Sens, Joigny, Auxerre et Avalon, sur la première route de Paris à Lyon; et Tonnerre, sur la seconde de Paris à Dijon.

(2) APERÇU

DU DÉPARTEMᵗ. DE SAONE-ET-LOIRE.

LE département de Saône-et-Loire, formé de la partie de la Bourgogne qui comprenait le Mâconnais, le Châlonais, l'Autunois et le Charolais, est divisé en cinq arrondissemsns de sous-préfecture, dont les chefs-lieux sont Mâcon, Châlons, Autun, Charolles et Louhans. Nous avons eu occasion de parler de toutes ces villes en parcourant la première route de Paris à Lyon, qui traverse ce département dans sa longueur de 36 lieues, du N.-O. au S.-E.

Son étendue territoriale est d'un million six cent quatre-vingt mille arpens carrés, et sa population d'environ 460,000 habitans.

Comme ceux de l'Yonne et de la Côte-d'Or, avec lesquels il confine, il se partage en montagnes et forêts, en coteaux et vignobles, en plaines et terres arables. Il possède en outre d'excellens et vastes pâturages dans ses montagnes, d'excellentes et vastes prairies dans ses plaines : la Saône en est entièrement bordée.

Ces prairies et ces pâturages nourrissent une grande quantité de bêtes à cornes. Les bœufs du Charolais sont très-beaux. On les engraisse pour les boucheries de Lyon ; ainsi les pâturages du Charolais sont à cette ville ce que sont à Paris ceux de la Basse-Normandie.

Les vins du Mâconnais approvisionnent Paris, et ceux du Charolais Lyon. Les uns et les autres ne sont que des vins d'ordinaire; mais les premiers ont de la renommée comme tels : ce sont les meilleurs qu'on boit communément à Paris, où le *Beaune* qui occupe le premier rang pour la délicatesse, ne descend au rang des vins d'ordinaire que sur les tables de l'opulence.

Si les vins du Mâconnais sont les meilleurs qu'on boit communément à Paris, ceux du Charolais m'ont paru les plus mauvais qui se boivent à Lyon, où ils ne sont préférés qu'à cause de leur bon marché. Ce sont ceux que sont condamnés à y boire les étrangers, dans les auberges. Ils les reconnaissent aisément à leur goût piquant et peu savoureux ; et ils les savourent d'autant moins qu'ils n'ignorent pas que le Lyonnais produit de fort bons vins, et que ceux du Rhône ne sont pas plus éloignés de cette ville que ceux du Charolais.

Ces derniers arrivent aussi à Paris sous le nom de vins de Mâcon, par l'entrepôt des négocians de cette dernière ville. Il est assez naturel que tous ceux qu'elle expédie portent son nom, comme tous ceux qu'expédient Beaune et Bordeaux. Les gourmets savent bien les distinguer ; mais les négocians savent bien aussi qu'il y a plus de buveurs que de connaisseurs : ainsi les bons Parisiens boivent souvent le mauvais vin de Charolais, en croyant boire le vin de Mâcon.

On voit que tout est productif dans ce département ; tout y a son genre de richesse, les montagnes, les coteaux et les plaines. Outre les bestiaux, les vins et les grains, il produit aussi beaucoup de chanvre et de fruits.

F I N.

TABLE
DES CHAPITRES
CONTENUS DANS CE VOLUME.

Première route de Paris à Dijon. page	1
Deuxième route de Paris à Dijon.	59
Troisième route de Paris à Dijon.	81
Première route de Paris à Genève.	87
Deuxième route de Paris à Genève.	121
Ville de Genève	153
Communication de Troyes à Sens.	176
Communication d'Avalon à Vitteaux.	
Communication de Saulieu à Semur.	183
Communication de Semur à Châtillon.	184
Communication de Dijon à Châlons-sur-Saône.	186
Communication de Beaune à Dôle.	201
Aperçu du département de l'Yonne.	204
Aperçu du département de Saône-et-Loire.	206

FIN DE LA TABLE DES CHAPITRES.

ERRATA ET ADDITIONS.

Page 16, ligne 25, *au lieu de ces mots* : fait construire, *lisez* établie.

Pag. 17, ligne 15, *après ces mots :* il a subi le sort de la caserne, *ajoutez* : et de l'hôpital, ainsi que de plus de 200 maisons brûlées dans cette malheureuse ville.

Pag. 30, ligne 19, *au lieu de ces mots :* le graveur Le Bé, *lisez :* les graveurs Le Bé et Thomassin.

Pag. 192, ligne 25, *au lieu de* Louis X, *lisez* Louis XI.

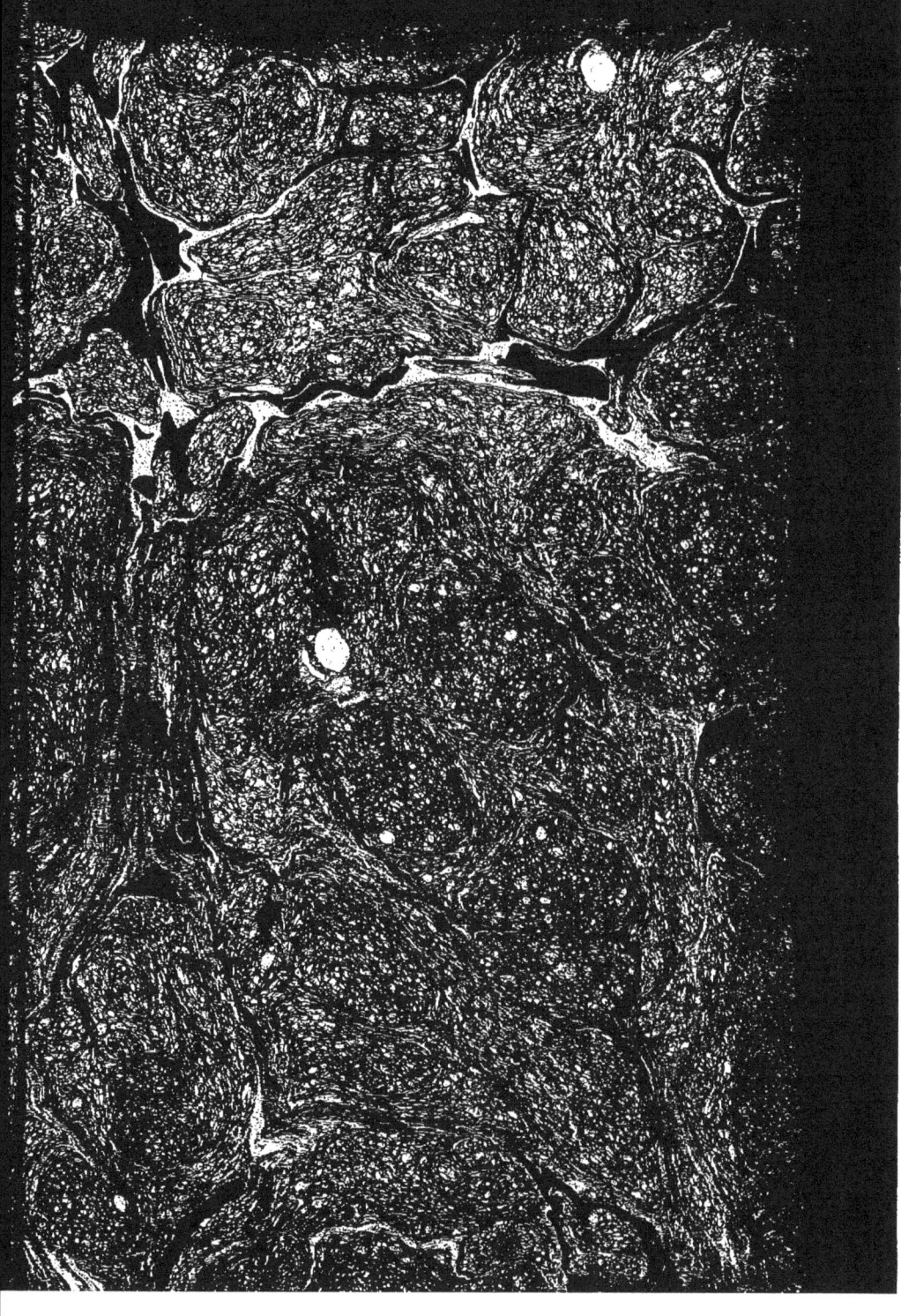

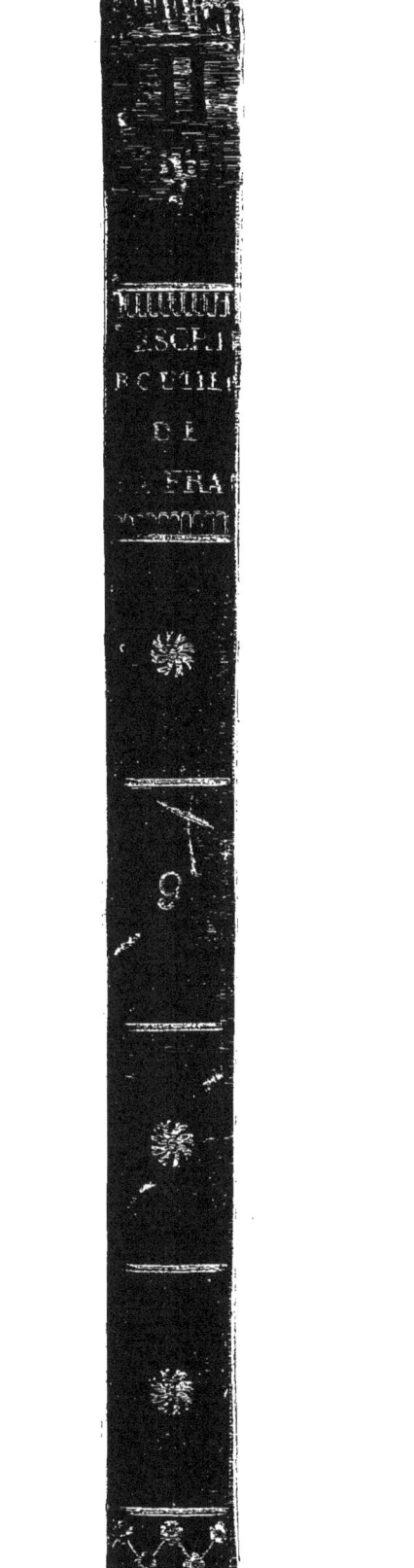

www.ingramcontent.com/pod-product-compliance
Lightning Source LLC
Chambersburg PA
CBHW051911160426
43198CB00012B/1844